お 詫 び

『新・初めての社会保障論〔第3版〕』第2刷におきまして，修正が不充分な箇所がございました。謹んでお詫び申し上げますとともに，以下のとおり訂正いたします。

法律文化社

⑴ 9頁COLUMN最終行の一部を差替えてください。

新　<u>2022年には1.26</u>と再び<u>激減</u>した。

元　<u>2020年には1.34</u>と再び<u>低下</u>した。

⑵ 13頁 国民負担率 の段落内文章の下線部分を2022年の数値に改めて下さい。

正

国民負担率　　**国民負担率**とは，租税と社会保障の負担が国民所得に占める割合である。<u>2022年度</u>の国民負担率は，<u>47.5%</u>の見込みである。その内訳は，租税が<u>28.6%</u>，社会保障負担が<u>18.8%</u>である。日本の国民負担率は，アメリカよりは少し高く，ヨーロッパ諸国よりは低い。

図表1-3　国民負担率・租税・社会保障負担

負担など 年度	国民負担率 （%）	租　税 （%）	社会保障負担 （%）
2020年度	47.9	28.2	19.8
2021年度	48.1	28.9	19.3
2022年度（実績見込み）	47.5	28.6	18.8

出所：2023年2月財務省発表資料より抜粋

誤

国民負担率　　**国民負担率**とは，租税と社会保障の負担が国民所得に占める割合である。<u>2021年度</u>の国民負担率は，<u>44.3%</u>の見通しである。その内訳は，租税が<u>25.4%</u>，社会保障負担が<u>18.9%</u>である。日本の国民負担率は，アメリカよりは少し高く，ヨーロッパ諸国よりは低い。

新・初めての社会保障論

[第3版]

古橋エツ子 編

法律文化社

✤『初めての社会保障論』を読むにあたって

　社会保障制度は,「人生50年時代から80年時代」を迎えて,そのあり方への見直しをせまられている。最近では,社会保障制度の改正が毎年のように実施されるため,改正された制度を理解するだけでも容易ではない。とりわけ,わが国は,少子高齢社会に突入したことによる経済情勢や生活環境などの変化によって,社会保障が形成されてきた歴史的背景に基づく定義,理念,あり方などをどのように展開していくべきかが問われている。まさに,社会保障制度の転換期である。

　同じように,社会保障制度の歴史的形成への背景が異なっている諸外国でも,どのように社会保障の制度改革をすすめるのかが課題となっている。その際,社会保障の担い手を国や地方公共団体といった公的部門が主に担っていくのか,民間企業,NPO（非営利団体）,ボランティア,地域のネットワーク,家族などの私的部門を拡大させて担っていくのか,各国の目指す社会保障のあり方も揺れ動いている。大きな政府か,小さな政府かといった単純な議論で解決はできない。財源の問題に対しても,発想の転換,社会保障と税収などとの関係など,社会保障を発展させる「途」はあるはずだ。

　ところで,本書を読むにあたって,私たちが留意した点を述べておきたい。各章では,第1に,定義および理念,その歴史的な背景や経緯について,第2に,制度のしくみや現状について,第3に,今後の課題について論じている。その他,全体をとおして読みやすく,かつ理解しやすく書くことにつとめた。すなわち,法律や国家試験などでは「被用者」と表示されているが,本文中では被用者とした後に,「雇われている人」または「勤め人」と分かりやすい表現をしている。また,本書は,社会福祉士や精神保健福祉士の国家試験・専門用語についてもゴチック体で表記することで対応しつつ,2007年の通常国会終了時点で法改正や見直しなどが予定されている事柄に関しても触れている。

　なお,法制度上の名称としては,老人・高齢者,障害者,児童と表記されているが,それ以外の場合は,高齢者,子どもを使用している。とくに,「障害

者」の表記に関しては，執筆者間で議論を重ねた。まず，障害をもつ人か，障害のある人かについて議論した際，障害者の方に意見を伺うということを重視した。その結果，現時点では障害のある人とすることとなった。ついで，障害者という語意が，差障り・害のある者と受け止められることから，「障がい者」とするか，「しょうがい者」とするかなど，様々な意見をいただいた。しかしながら，現時点で最良の表記名を得ることができなかったため，不本意ながら，今回は障害者を使用している。将来への課題として，記しておきたい。

　こうした問題意識も含めて，本書により，まず，社会保障が私たちの生活上のアクシデントやリスクに対して，どのように対応しているのかを理解して欲しい。そして，社会保障がなぜ必要なのかを考え，さらに現場において実践したり活躍したりするためには，どのように活かしていったらよいかを考察し，深めていただけたら幸いである。

　本書の刊行に際しては，法律文化社・編集部の小西英央氏および野田三納子氏に大変お世話になった。心より，感謝の意を表したい。

　2007年10月

古橋　エツ子

❀『新・初めての社会保障論〔第3版〕』の刊行に際して

　初版の刊行から14年が経ち，コロナ禍という未曽有の状況下におかれている。人々は余儀なく外出を控え，人との接触をさけ，通常の生活とかけ離れた日々の生活を過ごしている。しかも，コロナの罹患者，職を失った人，廃業・閉店をせざるを得なかった人，出産を控えざるを得なかった人など，予想を超えた社会保障制度の課題が山積みである。本書が，将来を見据えながら，社会保障制度を通してこれらの課題を考察する機会となれば幸いである。

　2021年7月

古橋　エツ子

も く じ

『初めての社会保障論』を読むにあたって

執筆者紹介

COLUMN　も く じ

法令略語表

憲法	日本国憲法	児扶手施令	児童扶養手当法施行令
医師	医師法	社福	社会福祉法
医療	医療法	障基	障害者基本法
介保	介護保険法	障虐	障害者虐待の防止，障害者の養
介保施令	介護保険法施行令		護者に対する支援等に関する法
介保附則	介護保険法附則		律（障害者虐待防止法）
健保	健康保険法	障雇	障害者の雇用の促進等に関する
高医	高齢者の医療の確保に関する法		法律（障害者雇用促進法）
	律（高齢者医療確保法）	障差	障害を理由とする差別の解消の
高虐	高齢者虐待の防止，高齢者の養		推進に関する法律（障害者差別
	護者に対する支援等に関する法		解消法）
	律（高齢者虐待防止法）	障総	障害者の日常生活及び社会生活
高住	高齢者の居住の安定確保に関す		を総合的に支援するための法律
	る法律		（障害者総合支援法）
厚年	厚生年金保険法	生保	生活保護法
国保	国民健康保険法	特児扶手	特別児童扶養手当等の支給に関
児手	児童手当法		する法律
児手附則	児童手当法附則	保険	保険法
児福	児童福祉法	労基	労働基準法
児扶手	児童扶養手当法	老福	老人福祉法

執筆者紹介

古橋エツ子（ふるはし　えつこ）　　　　　　　　　　　編者，第1章

花園大学名誉教授／社会保障法

社会保障は恋人です。それは，目が離せないから！　しっかりと見つめて，仲良くしましょう。

国京則幸（くにきょう　のりゆき）　　　　　　　　　　　　第2章

静岡大学人文社会科学部教授／社会保障法，医療保障法

社会保障では「事実」を知ることが大切。そしてそれを踏まえて考え（悩み!?）続けることが必要です。

呉　紅敏（ご　こうびん）　　　　　　　　　　　　第3章，第10章

大阪経済法科大学経済学部教授／社会保障法・社会福祉法

学生諸君が大学を卒業し，社会で重責を担う年齢に達したときに自分自身で社会保障制度の動向を評価できる基礎知識を身につけてくださればと思います。

倉田賀世（くらた　かよ）　　　　　　　　　　　　　第3章コラム

熊本大学法学部教授／社会保障法とくに育児支援政策

わが国の現状に社会保障制度が対応できているのか，本書を通じて皆さん自身に考えて欲しいと思います。

田中明彦（たなか　あきひこ）　　　　　　　　　　　　　第4章

龍谷大学社会学部教授／社会保障法・年金保障法

私たちの生活と年金との関わりを押さえたうえで，安心して暮らすことができる年金制度のあり方について考えていただきたいです。

廣瀬真理子（ひろせ　まりこ）　　　　　　　　　　　　　第5章

放送大学客員教授／社会保障法政策

COVID-19の影響により，私たちの生活には様々な「支え合い」が必要になりました。今はまさに，社会保障制度の意義と役割を再評価する時といえます。

高田清恵（たかた　きよえ）　　　　　　　　　　　　　　第6章

琉球大学人文社会学部教授／社会保障法

社会保障について学ぶときは，ぜひ自分の生活と社会保障制度との関わりは？　という視点をもって学んでみてください。

三 好 禎 之 （みよし　よしゆき） 第7章

大分大学大学院福祉健康科学研究科・福祉社会科学研究科准教授／地域福祉論, 生活構造論
社会福祉に関する歴史を学びましょう。それは，社会福祉の古典にふれることで現代社会の課題を知り，将来の社会福祉への展望をえがくことができるからです。

高橋美知子 （たかはし　みちこ） 第8章

茨木市福祉委員，前花園大学講師／児童福祉
1年間に生まれた子どもの数は減少しています。すべての子ども・子育て家庭に対する支援には，社会保障制度の基本としくみを学びましょう。

鈴 木　靜 （すずき　しずか） 第9章

愛媛大学法文学部教授／社会保障法
2016年8月に起きた「やまゆり園事件」に衝撃を受け，今も考え続けています。障害がある人の人権保障が根本から問われています。私たちはどのような社会に生き，どのような社会を目指すのか，一緒に考えましょう。

和田美智代 （わだ　みちよ） 第11章

和歌山大学経済学部講師／社会保障法，家族法と家族福祉
不安の増加する社会です。国の対応は遅れがちです。しっかり学び，賢い国民になりましょう。

脇野幸太郎 （わきの　こうたろう） 第12章

長崎国際大学人間社会学部教授／社会保障法，社会福祉法制論
なぜ社会保障について学ぶ必要があるのか。この問いに対するみなさん自身のこたえを，本書を通じて見出してください。

原 田 欣 宏 （はらだ　よしひろ） 第13章

高崎健康福祉大学健康福祉学部准教授／社会福祉，介護福祉
法律や制度に生命を吹き込むのは福祉の担い手である皆さんです。本当にその支援で正しいか，一緒に考え続けましょう。

中 川 陽 子 （なかがわ　ようこ） 第14章

大阪成蹊短期大学幼児教育学科専任講師／社会福祉・家庭支援論
めまぐるしく変化していく社会情勢をしっかりと把握し，社会福祉関連の専門職としての知識を深めていきましょう。

第1章　社会保障とは

1　社会保障の定義

社会保障とは　私たちは，アクシデントやリスクなど，様々な困難にぶつかったとき，自分自身の努力だけでは対応できない場合がある。こうした事態が，個人の責任から生じたのではなく，社会的・経済的な変動により生じたときには，社会の責任，つまり国が最終的な責任として幸せな生活を営むことのできる権利を私たちに保障する，それが社会保障である。

わが国で「社会保障」という言葉は，1947年に施行した日本国憲法（以下，憲法という）のなかで初めて明らかにされた。憲法25条では，「国民の生存権，国の保障義務」として，社会保障を規定している。

> 憲法25条　すべて国民は，健康で文化的な最低限度の生活を営む権利を有する。
> 　②　国は，すべての生活部面について，社会福祉，社会保障及び公衆衛生の向上及び増進に努めなければならない。

しかし条文では，社会福祉，社会保障，公衆衛生の3つが併記されているのみで，それぞれの意味，目的および定義までは明確にされていなかった。そのため，それぞれの関連性も定義も曖昧なままであった。

社会保障制度の目的　社会保障制度の目的は，1950年に社会保障制度審議会による「社会保障制度に関する勧告」（第1次勧告）のなかで明らかにされた。この勧告は，「社会保障制度とは，疾病，負傷，分娩，廃疾，死亡，老齢，失業，多子その他困窮の原因に対し，保険的方法又は直接公の負担において経済的保障の途を講じ，生活困窮に陥った者に対しては，国家扶助

によって最低限度の生活を保障するとともに，公衆衛生及び社会福祉の向上を図り，もってすべての国民が文化的，社会の成員たるに値する生活を営むことができるように保障することを目的」としている。つまり，社会保障制度は，社会保険，国家扶助（社会扶助），公衆衛生および医療，社会福祉の４つを統合して実施することを目的として，現在の社会保障制度の根幹となっている。

その後，1962年の「社会保障の総合調整に関する基本方策についての答申及び社会保障制度の推進に関する勧告」は，社会保障の施策を貧困・低所得・一般所得の階層に区分し，社会福祉の施策対象を低所得階層と位置づけた。

1995年の「社会保障体制の再構築に関する勧告」（95年勧告）は，かつての「国民の最低生活の保障」から，「国民に健やかで安心できる生活を保障」を新しい理念とし，国民の自立と社会連帯の考えを強調した。社会保険方式による介護保険制度の創設，65歳までの就業確保・定年制などを提言している。

ところで，諸外国の社会保障は，どのように位置づけ，定義されているか。

国によって異なる社会保障の意味　社会保障（social security）という言葉は，アメリカで1935年に社会保障法が制定されたことから始まっている。だが，社会保障の定義は，各国の社会保障の意味・内容・範囲および財源・制度のあり方の相違もあって，異なる点がみられる。

たとえば，福祉国家型・北欧型は，資本主義社会でありながら，税方式（社会扶助方式）と社会保険方式により税金や保険料を徴収し，それを財源に社会保障を給付する所得再分配という特徴をもつ。そのため，高福祉・高負担が前提となる。無拠出型・オセアニア型は，基本的には税金を財源に社会保障を実施している。しかし近年，医療保険制度では無拠出の原則が見直されている。社会保険型は，医療・年金などを中心に社会保険方式を前提としている。自助努力型・アメリカ型は，自助努力や自己責任が原則となっているため，国の社会保障に関する責任が最小限にとどめられている。

以下，国別の社会保障の特徴をみていく。

（1）**イギリス**　イギリスの社会保障は，年金や児童手当などの所得保障を意味しており，保健医療，雇用，住宅，教育，狭義の社会福祉などは，社会サービスという言葉が使用されている。

　(2)　**スウェーデン**　　スウェーデンの社会保障は，年金や医療などの社会保険制度と公的扶助，児童手当，住宅手当など，幅広く普遍的である。社会保険方式をとるが，かなり公費・税金を投入しており，積極的な**所得再分配**をともなう高水準の所得保障を特徴とする**高福祉・高負担**の国である。

　(3)　**オーストラリア**　　オーストラリアでは，年金，家族手当，生活保護などの所得保障と医療保障は，基本的には一般財源から拠出している。ただし，所得保障は，所得・資産審査に基づいた個別的・限定的な給付となっている。1984年以降は，国民皆保険制度が実施されている。

　(4)　**ドイツ**　　ドイツでは，年金・医療・労働災害・失業・介護など5つの社会保険制度と児童手当，社会扶助などを社会保障と位置づけている。

　(5)　**フランス**　　フランスの社会保障は，疾病保険や老齢年金などの社会保険制度と公的扶助制度からなっている。また，これらの制度と社会事業，自立最低所得保障制度を総合して，**社会的保護**としている。

　(6)　**韓　国**　　韓国では，年金・医療・雇用・産業災害・高齢者長期療養の社会保険と，公的扶助・社会福祉サービスが社会保障を構成している。

　(7)　**アメリカ**　　アメリカの社会保障は，連邦制をとっているため，州の制度および連邦法により実施されている。また，自助努力・自己責任を原則としている。社会保障法では，年金保険だけでなく，失業保険，母子保健，障害者福祉，高齢者医療，医療扶助などを含む総合的な法となっている。2010年3月に，医療保険制度改正（通称，オバマケア）が成立した。

　なお，各国間における社会保障の基本である所得保障が，①貧困者を救済する「公的扶助」と，②貧困生活に陥るようなアクシデントやリスクなどに備える「社会保険」を意味しているという点では大きな違いはない。

2　社会保障の歴史的な流れ

1　世界的な社会保障の流れ

　それでは，諸外国が社会保障を制度として実施していったのは，いつ頃からだろうか。年代順に見ていこう。

4

| 社会保障の
大きな流れ | イギリスは，1601年のエリザベス救貧法で，教区ごとに貧民 |

イギリスは，1601年のエリザベス救貧法で，教区ごとに貧民監督官を任命して**救貧税**を徴収し，救貧事業を行っている。その後，救貧法は不要という**マルサス**の指摘で，1834年に大改正されて**新救貧法**となる。大改正により，貧しい人は労役場という施設に入って働かされることとなり，しかも一般の労働者よりも低賃金で働かされるという「**劣等処遇の原則**」がとられ，救貧行政が中央集権化された。一方，**チャドウィック**は，病気や伝染病が流行すると救貧税の負担が重くなるため，衛生状態の改善で救貧税の負担を軽減しようとした。そこで，1848年に**公衆衛生法**が制定された。

現在のドイツがプロイセンであった時代，**ビスマルク宰相**により，1883年に疾病保険，1884年に災害保険，1889年には養老および廃疾保険など，**世界で初めての社会保険制度**を導入した。その一方で，1878年に労働運動，社会主義運動を弾圧すべく**社会主義者鎮圧法**が制定された。そのため，「**飴と鞭の政策**」といわれた。以後，世界における社会保険のモデルとなった。

イギリスでは，**ブース**によるロンドン市の貧困調査や**ラウントリー**によるヨーク市の貧困調査により貧困の実態が明らかになった。そこで，1908年に**老齢年金**，1911年には，医療給付と失業給付を含めた**国民保険法**が制定された。

アメリカの **F. ルーズベルト大統領**は，**ニューディール政策**に続いて1935年に**社会保障法**を制定している。この法で，初めて社会保障という言葉が使われた。ただし，当時は医療保障が含まれておらず，前述のような総合的な法ではなかった。1938年にはニュージーランドで社会保障法が制定されている。

1942年には，イギリスの**ウエッブ夫妻**（Webb, Sidney & Beatrice）が提唱した「**ナショナル・ミニマム**」（国が社会保障などによりすべての国民に保障する最低生活水準）を実現するため，**ベヴァリッジ報告**が公表された（次頁 COLUMN 参照）。社会保障制度の給付水準は，ベヴァリッジ報告に基づく社会保障計画のなかで具体的な政策目標として取り上げられ，そのキャッチフレーズとして，「**ゆりかごから墓場まで**」が提唱された。

同年，ILO（国際労働機関，ベルサイユ条約により1919年設立）の報告書「**社会保障への途**」が刊行され，1945年にはフランスの**ラロック**による社会保障プランが公表された。第二次世界大戦後は，各国とも戦後復興のため経済社会の再

建を進めた。それ以降，社会保障の言葉は定着し，社会保障制度も普及する。

　また，1951年に「難民の地位に関する条約」（日本は1981年に批准）が，国連で採択された。国連の加盟国は，批准に向けて，関係する国内法を改正して社会保険や社会手当などの国籍条件を解除していった。

　1952年に，ILOの**102号条約**「**社会保障の最低基準に関する条約**」（日本は1976年に批准）は，医療，傷病，失業，老齢，業務災害，家族，母性，障害，遺族の9項目を提示し，社会保障の枠組，対象および最低基準を示した。

　1960年代後半の高度経済成長期を経て，各国では完全雇用，社会保障の拡大および給付水準の引上げがされ，福祉国家が確立されている。アメリカも，1965年には，**メディケア**（高齢者・障害者医療）や**メディケイド**（低所得者医療）を制度化した。しかし，1973年の**第一次オイルショック**をきっかけに，先進諸国の経済低成長による「**福祉国家の危機**」や高齢化率の上昇への不安をもたらした。1975年の国際女性年を契機に，1979年には国連で「**女性差別撤廃条約**」が採択（日本は1985年に批准）され，女性たちの社会保障が重視されている。

　なお1980年代後半から，OECD（経済協力開発機構）は，効率的で効果的な社会保障のあり方を論議するため，**社会保障担当大臣会議**を開催している。

　1990年代から2000年代にかけては，バブル崩壊やリーマンショックなど，経済の低迷に対応する各国の社会保障制度のあり方は異なっている。

　アメリカの医療制度は，すべての国民を対象とした制度ではなかったことから，オバマ政権時代に包括的な医療保険制度改正（通称，オバマケア）を2010年3月に成立させ，国民皆保険制度が実施された。

COLUMN　ベヴァリッジ報告

　ベヴァリッジ（Beveridge, W. H.）によりまとめられた報告書で，正式名は，「**社会保険および関連サービス**」という。この報告は，貧困，疾病，無知，不潔，怠惰の「5つの巨人悪」に対する総合的社会政策として，①児童手当の支給，②保健および医療サービスの提供，③完全雇用の対策の3つをあげている。社会保障計画は，基本的なニーズには社会保険で対応し，国家（公的）扶助や任意保険で補うという3つの制度からなっている。

2　わが国の社会保障——戦前

救 貧 制 度　わが国では，1874（明治7）年に公的扶助制度として最初の
恤 救 規則が制定された。しかし，規則で定めている救済
は，「救貧恤救ハ人民相互ノ情誼」によってなすべきと定めていた。すなわち，
家族・親族および地域の助け合いによる相互扶助を基本とし，国が救済する対
象は，①70歳以上の高齢者，②13歳以下の子ども，③障害者，④重病人などで
頼るべき人がいない「無告の窮民」（困窮者）に限定されていた。慈善・恩恵的
な内容であり，給付内容もわずかな米であった。

　その後，改正案が第一帝国議会に提出されたが，公的な金を一個人のために
使用することは，種々の弊害をともなうとの反対意見が多くを占め，いずれも
廃案となっている。そのため，1929年制定の救護法が1932（昭和7）年に施行
されるまでの約60年間，恤救規則が維持されていた。救護法の救済内容は，生
活扶助のほかに，医療・助産・生業・葬祭扶助などであったが，要保護者は公
民権が剥奪されると規定していた。

　また当時は，生活苦から母子心中が多発したため，1937（昭和12）年に母子
保護法が制定された。この法は，戦争のための人的資源確保，つまり富国強兵
が第1の目的であったため，窮民救済施策としては貧弱な内容であった。翌年
の1938（昭和13）年には，社会事業法が制定された。

社会保険制度　戦前の社会保険制度も，富国強兵・殖産興業のために進め
られてきたといえる。1875（明治8）年の官役人夫死傷手
当規則が開始されてから，各種の恩給制度，官吏共済組合なども始まった。
1911（明治44）年の工場法（1916年実施）では，使用者の無過失責任主義に基づ
く労働災害補償制度が創設された。また，1931（昭和6）年には労働者災害扶
助法が制定された。

　1922（大正11）年，わが国で初めての健康保険法が制定されたが，自由診療
を主張する日本医師会の反対によって，施行は1927（昭和2）年まで延期され
た（次頁COLUMN参照）。この法の適用対象者は，炭鉱および工場の労働者で
あったため，1938（昭和13）年には，農漁村住民・自営業者などを対象とする
任意設置・任意加入の国民健康保険法が制定された。これによって医療保険は

一般国民に拡張されていったが，その目的は，戦争を遂行するための健兵健民政策として国民体力を向上させることにあった。

　また，1939（昭和14）年に，戦時下の海上通商確保のための**船員保険法**，民間被用者（私企業の勤め人）に適用される**職員健康保険法**が制定され，医療保険制度の一元化が図られていった。1941（昭和16）年には，わが国で初めての被用者を対象とした**労働者年金保険法**が制定された。同法は，1944（昭和19）年に**厚生年金保険法**に改称されている。

3　わが国の社会保障──戦後

戦後から高度経済成長期まで　第二次世界大戦後の混乱期における貧困問題を解決するため，1946年には**旧生活保護法**が制定された。この旧法は，1950年に現行の**生活保護法**に全面改正された。また，1947年に業務上災害に対する使用者の補償責任を定める**労働基準法**，**労働者災害補償保険法**および**失業保険法**が制定されている。失業保険法は，1974年に**雇用保険法**へと改称された。1951年には，戦後期における社会福祉事業の近代化を図るため**社会福祉事業法**が制定された。なお同法は，1997年から始まった社会福祉基礎構造改革によって抜本的な改正と同時に，2000年には**社会福祉法**に改称している。

　戦前の国民健康保険法が，1958年に全面改正され，市町村の義務設置・強制加入となった。翌年の1959年には，**国民年金法**が制定された。これらの法は，1961年に施行され，**国民皆保険・皆年金**が実現した。

COLUMN　**制定・公布・施行**

　法律が誕生し，国民がそれを知り，法律の効力が発揮されるまでの過程が，制定・公布・施行の3段階である。

　制定は，法律・命令などを立法機関（国会）で所定の手続に従って定めることである。これで，法律が成立するのである。

　公布は，成立した法律などを広く国民に発表し，周知させることである。周知は，官報によって行われる。

　施行は，法律などの効力を実際に発生させることである。とくに法律で施行日を定めていない場合は，公布後満20日を経た日が施行日となる。その日から法律が実施される。

　社会福祉の分野では，1960年に**精神薄弱者福祉法**が制定された。同法は，1998年に**知的障害者福祉法**に改称されている。また，1963年には**老人福祉法**，1964年には**母子及び寡婦福祉法**が制定された。それ以後，1960年代後半の高度経済成長に合わせて社会保障制度の充実が続いていった。

福祉の見直し期　1973年に「福祉国家」への転換が宣言され，**福祉元年**と名づけられた。ところが，その年の秋に**第一次オイルショック**により，一転して「福祉見直し」がされることとなった。赤字財政へと転換をせまられた。1981年の**第2次臨時行政調査会**（臨調）により，これまでの福祉はバラマキ福祉と批判された。

　そこで，中曽根内閣による**日本型福祉社会**が提唱されて，社会保障費用の適正化，給付と負担のバランスの見直しが進められることとなった。まず増大した老人医療費対策として，1982年には，老人医療費の一部自己負担を導入するとともに，各種の医療保険が老人医療費を拠出する老人保健制度，**老人保健法**が制定された。しかし高齢者医療費の急増が問題となり，2002年には同法の医療対象が，70歳以上から75歳以上へと改正された。なお同法は，2008年に一部改正するとともに**高齢者の医療の確保に関する法律**に改称された。

　また，年金制度を1985年に大改正し，国民年金は20歳以上の全国民を対象とする基礎年金としてスタートした。さらに，学生も専業主婦・主夫も強制加入されることとなった。とくに，1989年の「**1.57ショック**」（次頁 COLUMN 参照）以後，少子高齢化への対策を強化しなければならなくなった。そこで，1994年には，老齢厚生年金の支給開始を65歳まで繰り上げることが決定され，同年の雇用保険法改正により，高年齢者や育児休業取得者への雇用継続給付制度が創設され，**育児休業給付金**の支給などがされた。1999年には，介護休業取得者にも雇用継続給付として**介護休業給付金**が支給されることになった。

　福祉分野では，1990年の**福祉八法一括改正**により，市町村による老人保健福祉の基盤整備が図られた。同時に，「ゴールドプラン」，「エンゼルプラン」，「**障害者プラン**」が順次策定されている。1995年には，老人福祉と老人医療を社会保険によって統一するため，介護保険の導入が提言されていた。そこで，2000年に**介護保険法**が施行された。同年に，制定された社会福祉法および障害

福祉関連法により，従来の措置制度から契約制度へと移行された。そのため，2003年に障害児・者を対象とした**支援費制度**が導入され，2006年に**障害者自立支援法**が施行された際は，措置から契約へと移行した。ただし，同法の施行後も，障害種別ごとに制定された法律が存続していたため，支援法に基づく介護給付費などが利用困難な人には，措置に基づく障害福祉サービスが提供される。同法は，2013年に**「障害者の日常生活及び社会生活を総合的に支援するための法律」**（障害者総合支援法）に改称し，施行された。2014年には，**「子どもの貧困対策の推進に関する法律」**，**「母子及び父子並びに寡婦福祉法」**，**「地域における医療及び介護の総合的な確保を推進するための関係法律の整備等に関する法律」**（医療介護総合確保推進法）が施行され，2015年以降は医療・介護・年金関連法の改正がされた。戦後の福祉年表は，第7章図表7-1（123頁）を参照。

3　社会保障制度の体系

1　社会保障制度の体系

わが国における社会保障制度の体系は，1950年の社会保障制度審議会の勧告で示された社会保険，社会扶助，公衆衛生・医療，社会福祉の4つが基本となっていた。その後，介護保険法の施行により介護は社会福祉から社会保険に移行し，高齢者への保健・医療提供が老人保健法の施行により導入された。したがって，狭義の**社会保障の体系**は，この5つが基本となる（図表1-1参照）。

COLUMN　**合計特殊出生率と1.57ショック**

　合計特殊出生率は，1人の女性が一生涯に平均何人の子どもを産むかを示す数値である。計算方法は，妊娠可能な年齢とされる15歳から49歳までの女性を対象に，年齢ごとに子どもの出生数を女性人口で割った出生率を算出して合計する。人口を同水準に保つには2.08程度が必要である。

　1.57ショックは，合計特殊出生率が1.58であった1966年の丙午年（ひのえうま）よりも低くなったショックをいう。丙午年に生まれた女性は，夫を食い殺す俗信があり極端に出生率が下がった。しかし，2005年には1.26と激減し，2015年に1.46と上がったが，2020年には1.34と再び低下した。

図表 1‐1　社会保障制度の体系

社会保険　〔年金保険―老齢年金・障害年金・遺族年金など
　　　　　　医療保険―健康保険・国民健康保険・各種の共済組合など
　　　　　　介護保険―介護予防・在宅および施設介護サービスなど
　　　　　　雇用保険―失業給付・育児休業給付・介護休業給付など
　　　　　　労災保険―業務上および通勤時の災害補償など

公的扶助　〔生活保護―生活扶助・教育扶助・住宅扶助など
　　　　　　社会手当―児童手当・児童扶養手当・特別児童扶養手当・
　　　　　　　　　　　　　特別障害者手当など
　　　　　　そ の 他―無拠出老齢年金（国民年金）・公費負担による医療
　　　　　　　　　　　　　（結核・伝染病など）

公衆衛生　〔一般保健サービス―健康の増進・母子保健・各種の保健対策など
・医療　　　医療供給―医療施設・医療供給体制・医薬品など
　　　　　　生活環境対策―生活環境施設・食品衛生・環境衛生など
　　　　　　環境保全―自然環境の保全・大気汚染・水質汚濁・騒音悪臭など
　　　　　　学校保健―学齢期の保健・学校給食・学校安全など
　　　　　　労働衛生―労働衛生・作業環境・職業病など

社会福祉　　福祉サービス―高齢者福祉・母子福祉・児童福祉・障害者福祉など

高齢者保健　高齢者保健・医療など

2　社会保障のしくみ

　社会保障の基本的なしくみには，**社会扶助方式**と**社会保険方式**とがある。

　社会扶助方式の場合は，税金を財源にして国・地方自治体が施策としてサービスを提供する。ただし，少子高齢化による財源不足とともに，サービスの質の確保が課題となってくる。そこで，サービスの供給を民間企業，ボランティア，NPOなど，インフォーマル（非公式）な部門に委ねるべきであるという**福祉ミックス論**が登場している。

　社会保険方式の場合は，保険料を財源として国・公的団体が保険者となって，保険事故（リスク）が起きたときに被保険者に対して給付をする。社会保険方式の方が権利性ははっきりとしているが，保険の不正請求や不正受給などのモラルハザードの問題がある。

3　社会保障の機能

　社会保障は，社会の構成員である私たちの生活保障を目的とした役割を担っている。しかし，実際に社会保障が果たす役割は，それだけではない。現に，

社会保障として機能している主なものには，次のようなものがある。

政治的安定の機能　社会保障の充実は，国の政治的安定への重要な要因となっている。そのため，社会保障は政治的に安定させる機能をもっている。

所得再分配の機能　社会保障は，税金や保険料を徴収して，それを財源に国や公的団体が人々に必要な給付をするという所得再分配の機能をもつ。この所得再分配には，高所得の人から低所得の人へ再分配する**垂直的所得再分配**と，同一所得階層間の再分配である**水平的所得再分配**とがある。たとえば，生活保護のように，高所得者が支払った高額な所得税を財源とした公費を低所得者や無所得者に支給するのが垂直的所得再分配の例である。また，医療保険や雇用保険のように，同一所得階層間で傷病や失業をした人に給付をすること，元気な人や就業者からの再分配であるのが水平的所得再分配の例である。

　社会保障をとおして，どのように所得が再分配されているのか。その所得の分配状況を測るのが**ローレンツ曲線**であり，所得再分配調査でその効果を分析する際に所得格差を表す指標が**ジニ係数**である。ジニ係数は，0～1の間の数をとり，0に近いほど所得格差が小さく，分配が平等であることを示す。

セーフティネットの機能　私たちが，傷病や失業などで生活が困難になったとき，社会保障はセーフティネット（安全網）になって支える機能をもっている。その際，生活保護のように「貧困を救済」する機能と，社会保険のように「貧困を防止」する機能とがある。

自動安定化装置の機能　社会保障には，資本主義経済における変動を自動的に安定させる自動安定化装置（Build-in Stabilizer：ビルトイン・スタビライザー）としての機能がある。たとえば，好景気のときは失業者が少なくなり，所得が増えて徴収される保険料も増加し，それによって景気の過熱を防ぐ。逆に，不況のときは失業者が増えて徴収される保険料は減少するが，その代わりに失業給付が増加するため購買力を支えて景気の後退を食い止めるとされている。

4　社会保障の課題

　少子高齢社会では，財政を支える若い現役世代が少なくなり，その一方で高齢者の年金・医療費・介護費などの社会保障費は増大していく。そこで，現役世代に重い財政負担を課すことのないように考慮し，給付に見合う財源を確保することが課題となる。そのため，社会保障制度の今後の主要な将来の見通し（図表 1 - 2 参照）や社会保障の財源と負担について述べておきたい。

少子高齢社会と社会保障　すでに1994年の「21世紀福祉ビジョン──少子・高齢社会に向けて」と題する報告書のなかで少子高齢社会における社会保障への基本的な考え方が提示されている。つまり，若者・子どもをもつ親・障害者・高齢者などに対して，様々な就労支援をすることで「税金・社会保険料を払う人」を増やして財源確保をしていくことである。たとえば，育児や介護の休業期間中に所得補償がされて，育児も介護もしやすい就労支援が整備されれば，経済効果をもたらすとビジョンでは試算している。

社会保障の抑制　しかし，最近の年金制度，介護保険制度，医療保険制度などの改正は，社会保障の需要を抑制しようという視点が強くなっている。たとえば，介護保険制度により介護予防の推進をする一方で，医療費を抑えるために医療・介護療養病床の減少を実施しようとしている。実施は2024年 3 月まで延長されているが，療養病床を出され，介護施設にも入れない「介護難民」が増えると指摘されている。

社会保障の財源　2020年度の社会保障給付費の予算ベースは，**社会保険料**が59.4％，**税（公費負担）**が40.6％である。社会保障給付費の財源は，増加する給付額に対応して社会保険料は引き上げられているが，賃金が低迷していることなどから保険料収入の総額は伸び悩んでいる。

　2018年の「2040年を見据えた社会保障の将来見通し」における「社会保障給付費の見通し」では，2018年度の564.3兆円から2025年度には645.6兆円の増加が見込まれる（図表 1 - 2 ）。また，「医療・介護給付費の見通し」においては，医療単価の伸び率を仮定して給付費にも示している。

図表1-2　2040年を見据えた社会保障の将来見通し

社会保障給付費の見通し ※計画ベース（現状投影は省略）

医療・介護給付費の見通し（現状投影）

GDP:　564.3兆円　　　645.6兆円　　　　790.6兆円
保険料負担:12.4%　　　12.6%　　　　　13.4～13.5%
公費負担:　8.3%　　　　9.0%　　　　　10.1～10.2%

注：医療単価の伸び率を仮定し、2025年度以降は給付費も2通り示している。

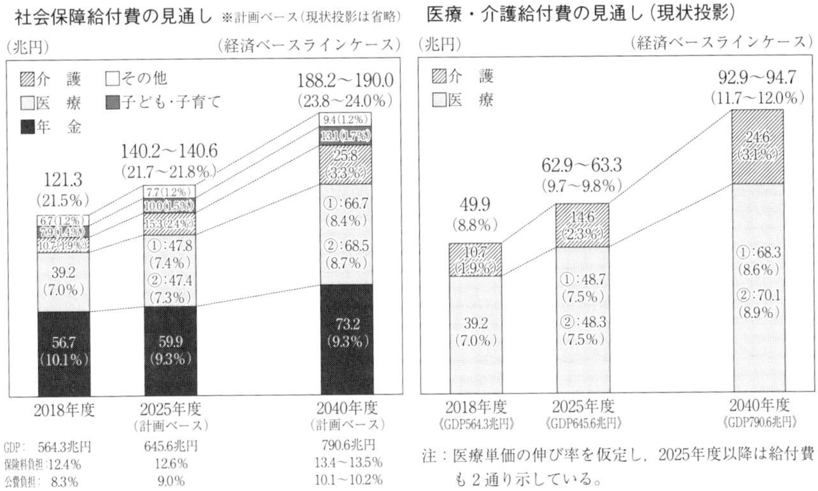

出所：内閣官房・内閣府・財務省・厚生労働省「2040年を見据えた社会保障の将来見通し」2018年5月21日より抽出。

国民負担率　　国民負担率とは、租税と社会保障の負担が国民所得に占める割合である。2021年度の国民負担率は、44.3%の見通しである。その内訳は、租税が25.4%、社会保障負担が18.9%である。日本の国民負担率は、アメリカよりは少し高く、ヨーロッパ諸国よりは低い。

図表1-3　国民負担率・租税・社会保障負担

年度＼負担など	国民負担率（%）	租　税（%）	社会保障負担（%）
2020年度	47.9	28.2	19.8
2021年度	48.1	28.9	19.3
2022年度（実績見込み）	47.5	28.6	18.8

社会保障給付費　　社会保障から支払われる社会保障給付費（現金給付と現物給付）は、年々増加している。2018年度は、社会保障給付費のうち高齢者関係給付費が全体の66.5%を占めている。2020年度には、社会保障給付費の部門別では、年金が45.5%、医療が32.0%、その他（社会福

社，生活保護，雇用保険など）が22.5％となっている。かつては，医療が一番多かったが，1981年に年金と逆転した。

　なお，1999年度から，消費税の収入を高齢者の基礎年金・医療・介護に充てたが，2009年度から基礎年金の国庫負担を3分の1から2分の1に引き上げたことから，消費税の財源不足が拡大した。そのため，2017年度から，高齢者の年金引下げ，医療・介護の保険料の引上げが実施されている。

【古橋エツ子】

◎さらに深く学ぶための参考文献
井上英夫・藤原精吾・鈴木勉・井上義治・井口克郎編『社会保障レボリューション——いのちの砦・社会保障裁判』高菅出版，2017年
　2012年の社会保障制度改革推進法を契機に，社会保障の基本が「自助，共助，公助」とされたことで，朝日訴訟や堀木訴訟などの社会保障裁判の意義を再考している。

◎各章に関連する白書・年次報告書など
厚生労働省『厚生労働白書』各年度版
　厚生労働行政分野について特定のテーマを設定し，現状分析を行い，関連する施策を紹介している。2022年度のテーマは，「社会保障を支える人材の確保」である。
厚生労働統計協会『国民の福祉と介護の動向』各年度版
　最近の社会福祉および介護の現状と動向について，最新のデータと多様な関係資料を用いて解説している。2022/2023年度では，「子どもに関する行政の体系が大きく変わる——子ども家庭庁，子育て家庭への包括的支援」をまとめている。
厚生労働統計協会『保険と年金の動向』各年度版
　最近の社会保険制度の現状と動向に焦点をあてて，社会保障制度を概観している。最新のデータと多様な関係資料を用いて，基礎的な統計表をWebサイトから提供。医療・年金・介護・労働の社会保険全体がわかる。
その他，厚生労働省編の白書・報告・年報など
　労働経済白書・自殺対策白書・過労死等防止対策白書・働く女性の実情・母子家庭の母の就業の支援に関する年次報告・地域児童福祉事業等調査報告・児童手当事業年報・介護保険事業状況報告年報
内閣府『子供・若者白書』各年度版
　子どもや若者に関する現状，動向および課題について統計も含めて述べている。

内閣府『少子化社会対策白書』各年度版

少子化の状況および少子化に対応する施策の紹介などを掲載している。2020年度は,「男性の家事・育児参画の促進」について調査結果から現状をまとめている。

内閣府『高齢社会白書』各年度版

高齢社会対策基本法に基づいた高齢化の状況,政府が講じた高齢化対策への取り組みについて解説している。

内閣府『障害者白書』各年度版

障害への理解促進・交流の取り組み,バリアフリーの推進などの施策を紹介している。障害者差別解消法の施行後 3 年の見直し検討を踏まえた法改正と施行に向けた動きを紹介している。

日本の子どもを守る会編『子ども白書』草土文化,各年度版

すべての子どもに良質な生育環境を保障するための法制度や政策の最新データと解説がされており,統計なども詳しい。

全国保育団体連絡会・保育研究所編『保育白書』ちいさいなかま社,各年度版

保育をめぐる制度や政策の最新データと解説を紹介し,2022年度は,「コロナ後にめざす保育―制度改善の願いと展望」を特集している。

第2章 医療保険

1 医療保険とは——医療保障を実現するしくみ

　ここでは，医療保険の考え方や制度を中心に，私たちが医療を受ける際のしくみを理解する。あわせて，関連する問題や課題を指摘し検討していこう。

1 医療保障——安心して医療を受けられること

　安心して医療を受けられること，それが医療保障である。

　私たちは，風邪をひいたり，けがをしたときなど，ふだん何気なく病院や近所のクリニック・医院で治療を受けている。その際，場合によっては，ドラッグストアなどで市販薬を購入するより費用がかからないこともある。しかし，医療にかかる費用は安いわけでは決してない。日本の医療はその内容に着目すれば，世界最高水準といわれている。高価な医薬品や医療機器を用いて，できる限りの診断・治療が行われる。そうであれば，むしろ当然に費用はかかるはずである。また，医療は，モノを生産するのとは異なり，必ずしも，普及すれば価格が安くなる，というものではない。医療を行う医師は，患者一人ひとりを診なければならず，この点は決してモノを作るようには合理化できない。

　ではなぜ，私たちが医療を受けるときに，このように比較的安価ですむのか。結論を先に示しておけば，日本において，**医療保障**という考え方のもとに各種制度が構築され，これが機能しているからにほかならない。

2 医療保障の意味

　医療保障が意味していることについて，もう少し触れておきたい。

　もともと社会保障のなかで医療が問題となったのは，それが貧困と結びつくものと考えられていたからである。つまり，病気やけがのために医療を受けるようになれば，多額の医療費がかかり，他方で医療にかかっているあいだ仕事を行えなくなると所得が減り，その両方の点から貧困に陥ってしまう。そこで，貧困に陥らないようにするために，医療費の負担の軽減や仕事につくことができないあいだの所得保障を行う必要性が指摘された。しかし今日，医療保障は，このような所得保障的な意味合いを超えて，もっと積極的に人々の健康を維持・増進することと理解されるようになってきている。そこで，後述のように，日本の医療保障の中心的制度である医療保険では，医療費の保障という考え方にとどまらず，医療の保障という形で給付を行うようになっている。

3　医療保障の方法

　医療保障を実現する方法は，大別すれば，**保健サービス方式**といわれる方法，そして**社会保険方式**によるものがある。どちらの制度を中心に据えて医療保障を具体化するかが，それぞれの国の特徴を示すことになる。そこで，これらの考え方やしくみの違いを簡単にみておくことにする。

　保健サービス方式　保健サービス方式は，税金を主たる財源として，医療をいわば公共サービスとして給付するタイプのものである。このようなしくみをとる国として，イギリスや北欧諸国をあげることができる。保健サービス方式は，必要に応じて直接的に医療を提供するしくみなので，よりはっきりとした形で医療保障を具体化しているとみることもできるだろう。ただし，現実的には，様々な問題も抱えており，万全というわけでは決してない。たとえば，租税を財源としているために予算という形で医療に必要な費用を確保しなければならず，他方で，この予算が尽きると医療を提供できなくなる，ということが起こりうる。

　この方式では，とくにイギリスの NHS（National Health Service）などが有名である。この制度は，医療の必要度に応じて（医療）サービスを受けられる点がポイントであり，制度発足当初は，原則として，利用者の受診時の費用負担なしで始まった（なお，現在は処方箋薬などに一部負担がある）。さらに，イギリ

18

スの医療は，GP（General Practitioner）といわれる総合医（家庭医）と病院専門医との役割分担が明確であり，一般市民は，病気やけがをするとまず自分が登録している診療所の総合医に診てもらうことになる。そのうえで，総合医が必要ありと判断した場合のみ病院を紹介され，病院で専門的な医療を受けることになる。NHSとこのような医療を提供する枠組みとがあいまって，イギリス独自の医療保障の体系を作り上げてきている。

社会保険方式　他方，医療保障の制度として社会保険方式を採用する国には，日本をはじめドイツやフランスなどがある。この社会保険で最も重要な考え方は，制度に適用される人々の支えあい＝「社会連帯」である。一人では立ち向かうことができない社会生活上の困難（リスク）に，みんなで支えあって立ち向かっていく，という**リスク分散**の考え方を基本にしている。一般的に，保険料を支払うことで給付を受けるという対応関係を軸に制度を構築し，医療保障を実現している。しかし，このような考え方を基本に

COLUMN　医療は社会科学である

　「医療の仕事は，健康を増進し，病気を防ぎ，予防がうまくいかない場合には治療し，病気が治ったら人々を社会復帰させることである。これらは高度に社会的な機能であり，私たちは医療を基本的には社会科学としてとらえなければならない。医療は，あらゆる文明国が展開しなければならない社会保障システム全体のなかの1つにすぎない。今日そこに不釣り合いがあるのだとすれば，それは大部分，私たちが医療の社会学的側面をおろそかにしてきたという事実による。長い間，私たちは自然科学的な研究に心血を注ぎ，そうすれば研究の成果はひとりでに生じてくるものだと信じていた。しかし，そうではなくて，医療技術は，その社会学的側面を追い越してしまった。」

　これは，医療史家シゲリスト（H. E. Sigerist; 1891-1957）が1943年に執筆した本の一節である。この指摘は，現在においてもなお，その意義を失っていない。むしろ今日ますますこの点を考えてみなければならなくなってはいないか。現在，医療をめぐって生じている様々な問題（さらに問題となっていない場合においてですら）を考えるにあたって，医療が私たちの社会のなかにあり，社会のなかでこそ問題になるという点をあらためて思い起こしてみる必要がある。医療保障という視点は，この点からも意義のあるものだといえる。

しつつも，適用の仕方やその範囲，給付の仕方などから，国ごとに特徴ある制度となっている。

　医療保障のしくみとして保健サービス方式を採用するか，それとも社会保険方式を採用するかは，それぞれの国の政治的・歴史的・文化的背景によって決定づけられることになっている。

4　日本の医療保障の展開

　つぎに，**図表2‐1**も参考にしながら，日本の医療保障制度の展開を概観しておこう。ここでは，各制度がいつごろ制定され，どのように拡充・発展してきているのか，ということを，その時々の社会経済的な出来事とあわせて理解してもらいたい。

　公的な医療保険では，健康保険が最も早い。1922年に制定された健康保険法が1927年に全面施行された。なお，施行までに時間がかかっているのは1923年の関東大震災のためである。1934年には，適用事業所の規模を従業員5人以上に拡大していく（実施は翌年）。また，1939年には，家族給付が規定され，その後の改正で家族給付の内容も充実していくこととなる。

　他方，1950年代後半でも，農業，自営業などに従事する人々や零細企業従業員を中心に，依然として国民の約3分の1にあたる約3000万人が医療保険の適用を受けない無保険者であった。そこで，これらの人々への公的医療保険を行うために，1958年に国民健康保険法を全面改正することによって，1961年以降，それまでにあった各種の医療保険に適用されない自営業者や農業従事者などはすべて国民健康保険への加入が義務づけられた。これによって**国民皆保険**体制の実現をみることとなる。

　その後も高度成長期を背景に，適用対象・給付内容の充実が図られていく。そのピークともいえるのが，1972年の老人福祉法改正による老人医療のいわゆる**無料化**（1973年実施＝「福祉元年」）である。これは，医療保険制度の自己負担部分を税金で負担することによって実質的に費用負担なし＝無料化としたことを意味する。

　ところがそれまでの拡充路線はその後の社会経済的事情で変更を余儀なくさ

図表2-1 医療保障制度の展開と社会背景

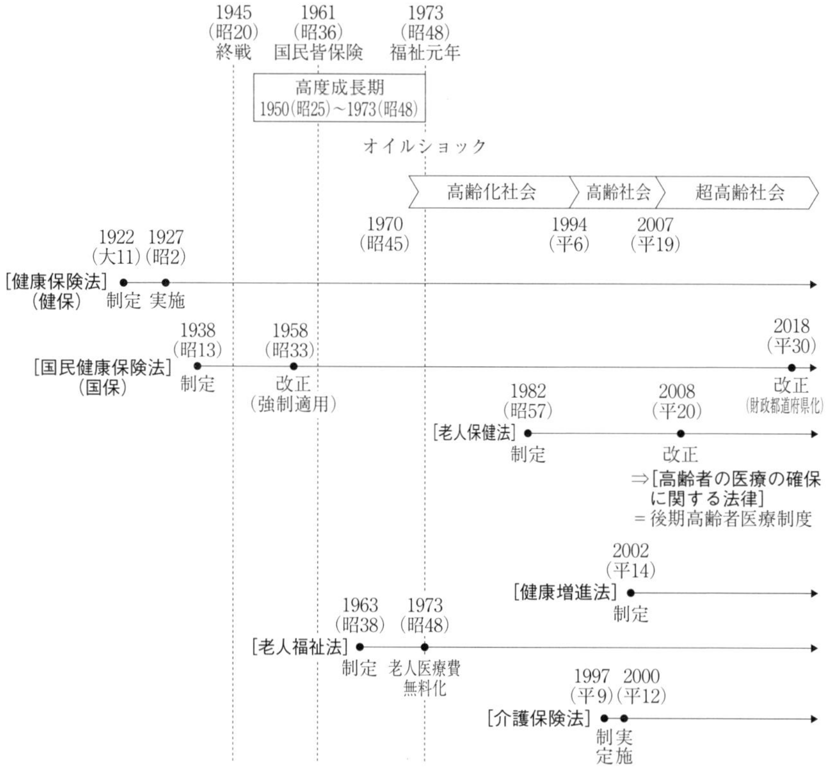

1945（昭20）終戦　1961（昭36）国民皆保険　1973（昭48）福祉元年

高度成長期
1950（昭25）～1973（昭48）

オイルショック

高齢化社会　高齢社会　超高齢社会

1970（昭45）　1994（平6）　2007（平19）

1922（大11）1927（昭2）
［健康保険法］（健保）　制定　実施

1938（昭13）　1958（昭33）　2018（平30）
［国民健康保険法］（国保）　制定　改正（強制適用）　改正（財政都道府県化）

1982（昭57）　2008（平20）
［老人保健法］　制定　改正
⇒［高齢者の医療の確保に関する法律］＝後期高齢者医療制度

2002（平14）
［健康増進法］　制定

1963（昭38）1973（昭48）
［老人福祉法］　制定　老人医療費無料化

1997（平9）2000（平12）
［介護保険法］　制定　実施

　れる。とくに1980年代以降は，財政問題を中心に，増え続ける医療費をいかに抑えるか，そのために給付率や保険料負担が焦点となって制度改正が重ねられることになる。1982年には老人保健法を制定して保険者間の財政調整を行い，あわせて高齢者からの一部負担金（定額）を導入することとなる。また，健康保険においては被保険者本人の給付率は10割→9割→8割と下がってゆき，現在は7割となっている。

　老人保健制度については，疾病構造の変化に対応した予防（2次予防：病気の早期発見・早期治療）を保健事業の中に位置づけ，予防から機能訓練（リハビリ）に至る一貫した給付を行うようになった点も理解しておかねばならない。この

ような予防の流れは，2002年の**健康増進法**によってさらに展開される。これは政府の打ち出す健康づくり運動（現在は，**健康日本21（第 2 次）**）などを実施するうえでの法的な足がかりとなるものである。これによって現在，早期発見・早期治療という 2 次予防からさらに進んで，病気そのものを予防するという 1 次予防の考え方で，健康への取り組みが進められている。

　また，増え続ける医療費に関して，**社会的入院**（医療とは異なる社会的な事情から医療機関に入院を余儀なくされている状態）が問題となり，高齢者福祉制度が急速に整えられるようになるのも1980年代である。1980年代はこの他に，国際化の後押しを受け，**難民条約批准**（1982年）にあわせて，1986年に国民健康保険の国籍条項を撤廃し，外国人についても適用を認めることになった。

　さらに2000年代になると，高齢者の医療への新たな対応のため，老人保健法の名称を「高齢者の医療の確保に関する法律」と改め（2008年），老人保健制度を廃止し，新たに「後期高齢者医療制度」を創設することとなる。その後も，2015年には，いわゆる医療保険制度改革法（「持続可能な医療保険制度を構築するための国民健康保険法等の一部を改正する法律）が成立し，2018年に国保の財政運営が市町村から都道府県に変わっている。

2　医療保険のしくみ

1　保険と保健
ここからは制度のしくみを理解していこう。

　医療保障に関する制度では，**保険**と**保健**という，読み方は同じだが意味の異なる用語が出てくる。医療保険は保険であり，保健師，保健所などの場合は保健である。保険は主としてリスク分散に着目した制度のしくみを意味しており，保健は健康施策や健康事業全般を意味する場合に用いられる。

2　保険の基本的しくみ
　保険を理解するためには，基本的な用語をおさえておく必要がある。**図表 2 - 2** を見ながら理解していこう。

図表 2 - 2　保険の基本的しくみ

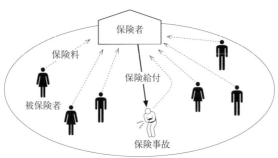

保険者・被保険者

まず，保険の直接の当事者となる，保険者，被保険者という用語である。**保険者**とは，保険加入の手続や保険のための費用の徴収，保険の財産管理や給付など保険全体を管理・運営する側をいう。これに対して，保険に適用され，保険のための費用を支払い，病気やけがをしたときに保険から給付を受ける側を**被保険者**という。保険関係は，基本的には，この 2 つの当事者の間で成り立つものである。

保険料・保険給付・保険事故

保険料とは，保険の費用として被保険者が保険者に支払う金銭のことをいう（保険料の支払いを拠出という）。これに対して，保険者が被保険者に対して行うものを**保険給付**という。そしてこの保険者が保険給付を行うきっかけとなる出来事を**保険事故**という。

給付内容

給付の内容はさらに給付の程度と給付の方法，そして給付の種類に着目して理解しておかねばならない。給付の程度は，**一部負担金割合**，あるいは**給付率**として示される。一部負担金割合ゼロであれば給付率10割であり，保険で全部支払ってくれることを意味している。同様に，一部負担金割合 3 割であれば給付率 7 割であり，保険で全体の 7 割分を給付し，3 割を自己負担することを意味する。給付の方法には，**金銭給付**と**現物給付**とがある。給付の種類は後ほど具体的な制度のところでみることにする。

3　医療保険制度

医療保険は，働き方によって利用できる制度が異なってくる。しかも強制保

険（加入強制）というしくみから，基本的には，利用できる制度を本人の意思で選択することはできない。大別すれば，公務員のための**共済組合**，民間の勤め人のための**健康保険**のような**被用者保険**，自営業者を中心とする人たちの**国民健康保険**である。ここではこのうち，とくに大きな柱となる健康保険と国民健康保険のしくみをみていくことにしよう。

健康保険制度　民間の会社に勤めて給料をもらっている勤め人とその家族のための公的な医療保険制度が健康保険である。この健康保険は，実際の医療を受けるうえでは基本的に大きな違いはないものの，しくみのうえでは，勤めている会社の規模などによって若干の違いがある。

⑴　**保険者**　健康保険組合が保険者となり健康保険を運営しているタイプのものを**組合健保**という。健康保険組合は，医療保険の運営を行うことを目的として設立される。大企業の場合には単独の組合があり，これ以外にも同種同業の複数の事業主で設立する組合もある。2022年 4 月現在，このタイプの保険者は1388あり，本人，家族を含め約2868万人が加入している。

　これに対して，健康保険組合をもつことができない，主として中小企業の医療保険について，政府がまとめて管理・運営しているタイプのものがある。政府が管理を行っていたのでこれを**政府管掌健康保険（政管健保）**と称していた。しかしこの健康保険は，2006年の法改正により，2008年10月から，政府にかわって**全国健康保険協会**が給付などを行うようになっており，このタイプの健康保険を**協会けんぽ**という。ただし，被保険者資格の得喪の確認や保険料徴収などは厚生労働大臣が行っている。2022年 4 月現在，このタイプの健康保険に加入しているのは，本人，家族を含め約4030万人となっている。

⑵　**被保険者**　つぎに，被保険者について理解しよう。上記いずれの健康保険であるにせよ，健康保険の適用がある事業所に**使用される者**は，健康保険の被保険者の資格をもつことになる。このように，保険の適用について職業や職種などと結びついているものを**職域保険**と表現する場合もある。ポイントは，①適用事業所という点と，②使用されるという点である。

　製造業，土木建築業，鉱業など法律に列挙された事業を営む，**常時 5 人以上の従業員を使用する事業所**や，常時，従業員を使用する国，地方公共団体また

は法人の事業所は健康保険の適用事業所となる。一方、「使用」とは、「雇用」されている（＝法律上の雇用契約がある）場合のみならず、もっと広く事実上の使用関係を意味する。つまり、事業主のもとで使用され給料や賃金を受け取っていれば、それは使用関係にあるということになる。したがって、個人経営の事業者は事業主と使用関係はなく、被保険者資格を有することはない。しかし、会社の取締役など一般的に労働者とはみなされない人たちでも法人に使用されているので、これらの人は被保険者となる。また、パートタイマーなどの短時間労働者は、常用的な使用関係にあるかどうかが適用の判断基準となっており、労働時間や労働日数を比較して、正社員の4分の3以上である場合には常用的使用関係があると判断し、被保険者資格をもつことになっている。さらに現在は、従業員101人以上の企業（2024年10月からは、51人以上）において、①週20時間以上、②月額賃金8.8万円以上（年収106万円以上）、③勤務期間が2か月を超える見込み、のすべてを満たす者（ただし学生は適用除外）へも適用が拡大された。

(3) **資格の「確認」**　法律に規定されているこの被保険者の条件に合致すれば、当然に資格を取得することになる（当然に＝自動的に、と置き換えてもよい。「強制適用」というのは、無理やり加入させる、のではなく、このように自動的に適用＝資格を付与することを意味している）。このとき、国籍や性別、年齢、得ている賃金の額などは関係ない。一般に、適用事業所に使用されるようになった日に資格を取得し（健保35条）、適用事業所に使用されなくなった日の翌日や死亡した日の翌日に資格を喪失する（健保36条）。このような事実が発生すると、通常、事業主（会社）が保険者に届出を行い資格得喪の確認を行うことによって効果が発生する（健保39条）。手続は会社が行う。しかし、まれに会社が行ってくれない場合があり、そのような場合には、被保険者自らが確認の請求を行うことができることになっている（健保51条）。

(4) **被扶養者**　健康保険には、保険の直接的な当事者関係にない適用対象がある。それが、被扶養者である。被扶養者とは、文字どおり、被保険者によって扶養されるなど、実態的に生計維持関係にある者をいう。勤め人の家族がこれに該当する。そこには、配偶者（事実婚を含む）、子、親等、3親等以内

の親族が含まれる。この被扶養者は，被保険者とは異なるので，保険料の拠出は行っていない。しかし，健康保険の適用を受け，実質的にはこの制度のもとで医療を受けることができる。

(5)　**保険料**　保険料の額は月々の給料を基本にして，これに**保険料率**（組合健保の場合，組合で定める率，協会けんぽの場合，都道府県単位の保険料率）をかけた額となっている。さらに，40歳以上で介護保険の被保険者（第 2 号被保険者）に該当する場合には，介護保険の保険料分も上乗せされる。また2003年から**総報酬制**が導入されたので，月々の給料のみならずボーナス（賞与）からも同じ保険料率による保険料を徴収されるようになった。このようにして算出された保険料は，原則として事業主と被保険者とで半分ずつ負担し（**労使折半**），事業主が納付する（健保161条）。つまり，健康保険の保険料は所得水準に応じて負担する（このような負担の考え方を，**応能負担**という）。当人が病気やけがになりやすいかどうかという点や家族の有無などは考慮されない。

国民健康保険制度　勤め人とその家族のための健康保険制度に対して，国民健康保険制度は，農業や自営業の人，失業者などを対象とする制度である。

(1)　**保険者**　国民健康保険の保険者もまた，大きく 2 つに分けることができる。1 つは**都道府県**が**市町村**（**特別区を含む**）とともに保険者となるタイプの国民健康保険である。2022年 4 月現在で1716あり，加入者数は約2620万人となっている。もう 1 つのタイプは，医師や薬剤師あるいは土木建築や理容などに従事する同業者が集まって業種ごとに**国民健康保険組合**をつくり，これを保険者とするものである。こちらは2022年 4 月現在で161あり，加入者数は約271万人である。とくに都道府県・市町村が実施する国民健康保険は皆保険の要となっている重要なしくみなので，これについてみていくことにする。

(2)　**被保険者**　都道府県が市町村とともに行う国民健康保険では，都道府県の区域内に**住所を有する者**に被保険者資格が与えられる（国保 5 条）。このように，保険の適用を，住んでいるところと結びつけて考えるものを地域保険と表現する場合がある。他の医療保険に適用される人，同じ国民健康保険でも組合の行う保険に適用される人，あるいは生活保護法の給付を受けている世帯の

人などを**適用除外**として，重複しないよう調整している（国保6条）。また，外国人は，新しい在留管理制度（2012年〜）による「在留カード」を有し，概ね3か月以上滞在が見込まれる場合のみ，適用されることになっている。

（3）　**保険料**　　国民健康保険の費用は，保険料または保険税として徴収することになっている。基本的に4つの基準がある。それは，①所得に応じて算定する所得割，②固定資産税に着目して行う資産割，③世帯ごとに課す世帯別平等割，④世帯内の被保険者数に応じて算定する均等割（①②は負担能力に着目する応能負担的な基準，③④は制度によって受ける利益に着目する**応益負担**的な基準）である。市町村はこれらを組み合わせて計算することになっている。したがって，どこの自治体に住んでいるかで保険料が異なることになる。

　保険料は，世帯の代表者である**世帯主**がまとめて納付することになっている（国保76条）。また，職についておらず収入を得ていない人についても強制保険として適用させるため，保険料の減免（国保77条・81条）や一部負担金の減免（国保44条）が定められている。

　ところで，健康保険では，会社が保険料を納め，また，被保険者が負担する分について給料から天引きされるために，保険料の未納・滞納という問題は一般的には起こらない。しかし，国民健康保険の場合は，世帯主が個別に納付することになっているため，保険料の未納・滞納が生じる場合がある。このような場合，被保険者証（保険証）の返還を求められ，代わりに（被保険者）**資格証明書**が交付される。保険証が資格証明書に変わると，国民健康保険の給付で中心的給付となる療養の給付を受けることができず，医療機関の窓口でいったん医療費の全額を支払い，後で，特別療養費という形で金銭給付を受けることになる（国保54条の3）。ただし，そこで支給されることになる金銭は，未納・滞納状態になっている保険料を差し引かれる場合がある。

給付の程度と種類　　給付に関して医療保険各制度共通の大前提をおさえておこう。医療保険による給付は，すべての医療が対象になるわけではない。まず，仕事をしている最中（**業務上**）にけがをした場合などは，**労働者災害補償保険制度**（労災）という別の制度の適用となる。これは，そのけがの責任の所在をはっきりさせるために，会社が全額保険料を支

図表 2 - 3　保険給付の種類

区　　分		給付の種類		
		健保の被保険者	健保の被扶養者*1	国保の被保険者
病気やけがの場合	「保険証」(被保険者証)で治療を受ける場合	療養の給付	家族療養費	療養の給付
		入院時食事療養費		入院時食事療養費
		入院時生活療養費		入院時生活療養費
		保険外併用療養費		保険外併用療養費
		訪問看護療養費	家族訪問看護療養費	訪問看護療養費
	立替払いの場合	療養費	家族療養費	療養費
				特別療養費
		高額療養費	高額療養費	高額療養費
		高額介護合算療養費	高額介護合算療養費	高額介護合算療養費
	緊急時などに移送された場合	移送費	家族移送費	移送費
	療養のため休職した場合	傷病手当金		(傷病手当金)*2
出産の場合		出産育児一時金	家族出産育児一時金	出産育児一時金*3
		出産手当金		(出産手当金)*2
死亡の場合		埋葬料 (費)	家族埋葬料	葬祭費*3

出所：協会けんぽ HP より。執筆者により一部加筆修正
＊1　この給付の種類は，被扶養者に対する給付ではなく，被扶養者に関する給付である。
＊2　条例または規約の定めるところにより，給付を行うことができる。
＊3　条例または規約の定めるところにより，給付を行うものとする。ただし，特別の理由がある場合は，全部または一部を行わないことができる。

払って運営している制度によって給付を行うからである。医療保険は，業務上以外の場合の医療の給付を行うことになる。

　また，たとえ業務上以外の場合であっても，犯罪行為や故意に（わざと）事故を起こしたときや，けんか・酔っぱらいなどで事故を起こしたとき，あるいは他人の保険証を用いるなど不正な行為で給付を受けた場合などには，給付の全部または一部を制限することになっている（健保116条以下，国保60条以下）。これは，医療保険が社会保険であり，公共的な見地から行われるためである。

　つぎに，健康保険，国民健康保険の給付の種類と程度についてみていこう。保険給付の種類は，誰のための給付か，何のための給付かという点から，**図表2 - 3**のように整理することができる。それぞれの給付のうち，主だったもの

図表2-4　一部負担金割合

2割	3割	3割	3割	一定所得以上 （報酬月額28万円以上）
		2割(1割)※	1割	一般，低所得者

義務教育就学　　　　　　　　　　70歳　　75歳

※　2014年4月1日までに70歳に達している者は1割

について解説をしていくことにする。

　(1)　**療養の給付―医療を受けること**　　療養の給付は，具体的には，①診察，②薬剤または治療材料の支給，③処置，手術その他の治療，④在宅で治療するうえでの管理，その療養にともなう世話，その他の看護，⑤病院または診療所への入院，その療養にともなう世話，その他の管理，となっている（健保63条，国保36条）。つまり，医療そのものの提供ということになる。したがって基本的には，この給付があれば医療を受けることができる。この給付はその他の給付と異なり，給付の名称に費・手当金・料といった金銭を意味する文字がついていない。ここからも，給付が現物給付によるものであることがわかる。

　療養の給付を受けられるのは，被保険者（本人）のみである。被保険者は，病気やけがをした場合（ただし，仕事に関連する業務上のけがなどを除く），保険を扱う医療機関（保険医療機関）にいわゆる「**保険証**」（正確には**被保険者証**という）を提出することによって，療養の給付を受け取る＝治療を受ける。その際に，一部負担金を支払うことになる。現在，この一部負担金の割合は，年齢区分や所得によって異なっており，**図表2-4**のようになっている。

　ここで，給付の方法についてあらためて整理しておくこととしよう。保険給付が金銭給付であるか現物給付であるかは，整理すると**図表2-5**のようになる。

　金銭給付方式の場合の医療保険は，基本的には2当事者関係の問題として理解することになる。これに対して，現物給付の場合は，保険の当事者関係に加えて，実際にサービスを提供する者（医療機関・医師）を視野に収め，3当事者関係として理解しなければならない。そしてこの場合，医療機関は医療を提供しているというよりは，保険者に代わって保険給付を行っているのであり，言い換えれば，医療機関は保険の給付窓口という位置づけになっているといえ

図表2-5　金銭給付（左）と現物給付（右）

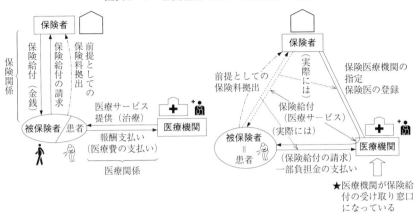

る。そこで，保険給付の窓口である医療機関で，保険給付として医療を受けるためには，保険診療を行う医療機関のうち自分で選んだ医療機関で「保険証」を提出して受けることになる（健保63条3項，国保36条3項）。こうすることによって，自らが保険給付を受ける資格があることを示すとともに，保険給付を受け取る意思を示すのである。

　療養の給付と関連する給付として，入院時の食費に関する入院時食事療養費，介護保険の負担との関係で新しく導入された入院時生活療養費（療養病床に入院する70歳以上の者の食費や住居費）などがある。さらに，特別の病室の提供や特別な治療材料の支給（選定療養），あるいは高度先進医療を含む治療（評価療養）を受ける場合などに，保険外併用療養費が支給される。これらはいずれも金銭給付として規定されているにもかかわらず，現実的には被保険者については現物給付の取り扱いとなっている。

　(2)　**療養費—療養の給付を受けられない場合の例外**　　やむを得ない事情などによって保険医療機関で療養の給付を受けることができない場合には，金銭給付として**療養費**が支払われることになる（健保87条，国保54条）。たとえば，海外において医療を受ける場合などがこれにあたる（**海外療養費**）。海外の医療機関で療養の給付を行う（＝保険証を見せて医療を受ける）ことは困難である。そこで，このような場合は，いったんその場で全額を支払い，帰国後に申請を

することで，療養の給付を受ける場合の一部負担金に相当する部分を除いた額の支払いを受ける（この立替払いによる方法を**償還払い**という）ことができる。もっともこの場合，実際に負担した額が基準になるのではなく，日本の療養の給付の基準に置き換えた額となる。ただし，このような金銭給付としての療養費の支払いは，あくまで例外的なものと位置づけられている。

(3) **家族療養費―家族のための医療**　　被保険者に扶養されている家族は，健康保険上，被扶養者と位置づけられている。この被扶養者は，**家族療養費**として医療を受けることになっている（健保110条）。もともと，被扶養者は保険料を負担していないので，医療受給の独自の資格をもっていない。家族療養費とは，被保険者が家族のために支払った医療費を，後で払い戻してくれるものなのである。しかし現在，実際上の取り扱いとして，被扶養者も，被保険者と同様に，一部負担金を窓口で支払うだけで医療を受けられるようになっている。なお，この給付は，そのしくみゆえ国民健康保険には存在しない。

(4) **高額療養費・高額介護合算療養費―一部負担金の負担軽減のための給付**　　療養の給付を受ける場合，窓口では一部負担金を支払えば医療を受けることができる。しかし，大きなけがで大手術を受けるとか，重い病気で治療が長引き長期入院となったりする場合には，結果としてこの一部負担金ですら大きな負担となる場合がある。このようなときに，一部負担金のうち一定の金額（**自己負担限度額**）を超えた部分について，払い戻しを行うのが**高額療養費**である（健保115条，国保57条の2）。年齢および所得に応じて，自己負担限度額は異なっている（**図表2-6参照**）。なお，現在，70歳以上の人の外来・入院の場合のほか，70歳未満の人の場合については，事前に申請し交付を受けておく限度額適用認定証を保険証とあわせて提示することで，窓口では自己負担限度額を支払うだけで済むことになっている（現物給付化）。また，医療保険と介護保険のそれぞれの自己負担の合計が基準額を超えた場合に支給される**高額介護合算療養費**もある。

(5) **傷病手当金―病気・けがによる休業中の生活保障**　　**傷病手当金**は，病気やけがのために働くことができない場合，被保険者とその家族の生活を保障するために行われる給付である（健保99条）。この給付は，被保険者が病気やけ

図表 2 - 6　高額療養費の考え方

←──────	──────────かかった医療費──────────		──────→
←──── 窓口負担（一部負担金）────→			
自己負担額	高額療養費	療養の給付	
	←─払い戻される額─→		

70歳未満の自己負担限度額の例（同一月・同一医療機関ごとの自己負担限度額）

区　　分	自己負担限度額（月額）	多数該当（月額）*1
報酬月額810,000円以上	252,600円＋（医療費－842,000円）× 1 %	140,100円
報酬月額515,000円～810,000円未満	167,400円＋（医療費－558,000円）× 1 %	93,000円
報酬月額270,000円～515,000円未満	80,100円＋（医療費－267,000円）× 1 %	44,400円
報酬月額270,000円未満	57,600円［定額］	44,400円
低所得者（市町村民税非課税 ）	35,400円［定額］	24,600円

出所：協会けんぽ HP より。執筆者により一部加筆修正。
＊ 1 　多数該当とは，直近12か月の間に高額療養費の支給を 3 回受けた場合の， 4 回目以降の場合に適用される。

がのために仕事を休みはじめた日から連続して 3 日以上休んでいるとき（この3 日間を待期期間という）に， 4 日目から通算して 1 年 6 か月間まで支給される。支給額は，期間中 1 日につき，それまでもらっていた給料の 3 分の 2 に相当する額となっている。この給付は，国民健康保険においては任意給付となっているため（国保58条 2 項），実際には，国保組合の行う保険を除けば，実施しているところはない。

(6)　出産育児一時金・家族出産育児一時金，出産手当金―出産に関る給付

　被保険者の出産の際は，出産費用として出産育児一時金が，また被扶養者の出産の際には家族出産育児一時金が，被保険者に金銭給付として支給される（健保101条・114条，国保58条 1 項）。支給額は，産科医療補償制度の適用のある出産の場合， 1 児につき50万円（産科医療補償制度の適用のない場合は，48万8000円）となっており，多胎児の場合には，胎児数分が支給される。子どもを産むということは，病気ではないしけがでもないということから，正常な出産の場合には定期検診や出産のための費用は自費扱いとなるため，かかった費用の負担軽減のために一時金の給付が行われる。他方，帝王切開などのように手術を要する場合は，異常出産として療養の給付を受けることになる。また，被保険

者が出産するときの生活保障のために，産前産後の一定期間について行う**出産手当金**がある（健保102条）。支給額は給料（日額）の3分の2となっている。

| 高齢者の
ための医療 |

高齢者は，これまで，**退職者医療制度**や**老人保健制度**によって医療を受けてきた。とくに老人保健制度は，高齢者（75歳以上，一定の場合は65歳以上）のための医療と40歳以上の人への保健事業（健康手帳の交付，健康教育，健康相談，健康診査など）を行う制度として重要な役割を果たしてきていた。

　この制度は，2006年の法改正により，2008年から，新しい**後期高齢者医療制度**となった。あわせて法律の名称も，それまでの「老人保健法」から「高齢者の医療の確保に関する法律」と変更された（157頁参照）。

4　医療を受けるためのその他のしくみ

| 公費負担医療 |

このように，医療保険で行われる医療のほか，租税を財源として行われる医療（**公費負担医療**）も存在する。公費負担医療は，保険医療を補完するものとして，医療保障において重要な役割を果たしている。

　先にみたように，生活保護を受けるようになると，その世帯にいる人は国民健康保険の被保険者資格をもてなくなる。そこでこの場合，指定された医療機関を通じて生活保護法の**医療扶助**による医療を受けることになる（現物給付）。受ける医療の内容は，国民健康保険と基本的に同じである。

　また，この他にも，障害者の日常生活及び社会生活を総合的に支援するための法律（障害者総合支援法）に基づく**自立支援医療制度**（総支52条以下）や，感染症の予防及び感染症の患者に対する医療に関する法律など，いわゆる公衆衛生立法の下での医療にかかわる制度もある。

5　医療制度と医療保険制度のつながり

| 医療制度：医療を
提供するしくみ |

ここまで，医療保険を中心に医療を受けるためのしくみを理解してきた。そこでつぎに，医療を提供する枠組み（医療制度）を概観し，とくに保険というしくみとこの医療制度がどのよ

図表 2 - 7　医療保障の体系図

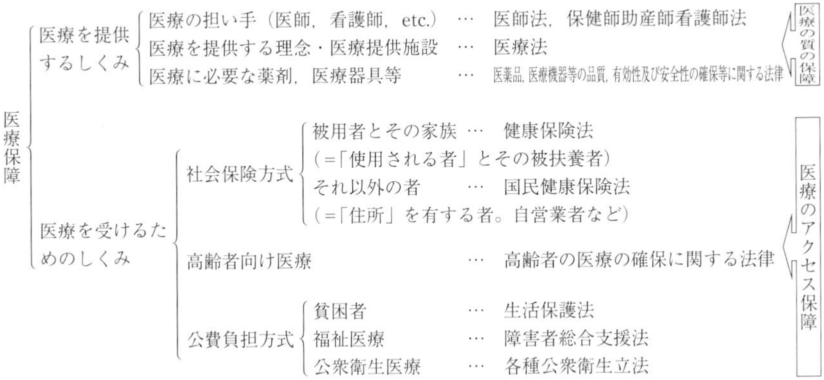

うに関係しているのかをみていくことにしよう。

　図表 2 - 7 は医療保障全体のイメージ図である。これまでみてきた医療保険などは私たちが医療を受けるためのしくみであり，医療へのアクセス保障のためのしくみであると理解できる。これに対して，医療制度は，提供される医療の質を確保するためのしくみであると考えることができる。私たちが安心して医療を受けるためには，この両方のしくみがうまく機能しなければならない。

　医療制度には，医療の担い手（人）に関する制度，医療を提供する理念や医療提供施設（場），あるいは医療に必要な薬剤（物）などに関する制度がある。

医療の担い手に関する制度　医師については**医師法**，看護師については**保健師助産師看護師法**というように，個別の法律でそれぞれ資格と業務が規定されている。医療の担い手ということから，職業上の規制として**業務独占**（ある業務を行うために一定の資格を必要とする）や**名称独占**（特定の名称を用いるために一定の資格を必要とする）が用いられている。そしてこれら資格の付与は**免許**によって行われている。このようなしくみのなかで，医療は，基本的に医師しか行うことができない（医師17条）。そこで，医師法には**応招義務**（医師19条）があわせて規定されている。これは診療の求めがあった場合には，医師は理由なくして断ってはならない，というものである。これらのしくみによって，私たちは，医療制度のなかでも，医療を受けられる保障がされているのである。

34

医療提供の理念・責任，医療施設に関する制度

他方，医療提供の理念や責任，医療提供施設など医療提供の基本的枠組みを規定しているのは**医療法**である。医療は，「生命の尊重」と「個人の尊厳」との両方を考えつつ，医師や看護師など医療の担い手と患者との「信頼関係」に基づいて，患者の心身の状況にあわせて「良質かつ適切」に行われなければならない（医療1条の2）としている。また医療には，予防・治療・リハビリテーションが含まれている（**包括的医療**）。そして医療を提供する施設として，診療所（患者を入院させるベッドの数が0～19床），病院（20床以上），介護老人保健施設，薬局などを位置づけている。このうち病院については，さらに規模や役割から地域医療支援病院（地域医療の支援，200床以上），特定機能病院（高度医療の提供，400床以上，10以上の診療科）などが規定されており，各医療施設の医療機能に応じて効率的に，また有機的な連携を図りつつ提供されることになっている（病診連携）。

医療機関の整備は，**自由開業・出来高払**を基本とした民間の医療機関の展開に委ねられてきている。しかし今日，医療の不足や無駄がないように都道府県に**医療計画**を作成するように義務づけている（医療30条の4）。

医療保険制度と医療制度のつながり

このような医療提供制度の基本を理解したうえで，医療保険と医療提供制度とのつながりをみていくことにしよう。**図表2-8**はそのつながりを図示したものである。

療養の給付を現物給付で行うには，本来，保険者が医療を提供できなければならない。しかし，これは，医療制度との関係で不可能である。そこで，保険者は，代わりに医療機関にこの給付を行ってもらうことにしている。このとき，医療機関は厚生労働大臣の**指定**（健保63条3項・65条以下，国保36条3項）を受けて**保険医療機関**となり，医師は**登録**（健保64条・71条以下，国保46条）を受けて**保険医**となって，保険給付を担当する資格を認めてもらう。保険医療機関，保険医が保険者に代わって保険給付をする場合，「**保険医療機関及び保険医療養担当規則**」（療養担当規則）に従わなければならない。これから外れた診療を行うと，それは保険給付としては認められず，結果として診療報酬を支払ってもらえないことになる。

診療報酬の請求は，行った診療の詳細を記載した**診療報酬明細書**（レセプト）

図表2-8 医療保険と医療制度の関係

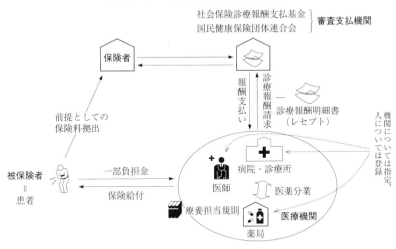

を，レセプトのチェックと診療報酬の支払いをしている**社会保険診療報酬支払基金**（国保については，国民健康保険団体連合会）に送って行う。この審査支払機関は，被保険者が支払っている保険料が正しく使われているかどうかのチェックを行っている。

　医療保険と医療制度とは，全体としてこのような形で結びついて，私たちが安心して医療を受けられるしくみが構築されているのである。

3　医療保険制度の問題と課題

1　医療保障という点からみた問題

　医療保険や医療制度が整えられてきているものの，医療保障という点からはまだまだ問題や課題は存在している。とくに医療を受けるためのしくみである皆保険と実際の医療提供との間の，いわばミスマッチの問題は，両者が相対的に別のしくみであることからくる構造的な問題として理解しておかねばならない。たとえば，現在に至ってもなお過疎地域を中心に無医地区（容易に医療を受けられない地域）といわれる地域が存在しており，抜本的な対策が望まれる。

さらに現在，医師確保の困難さから都市部においても容易に医療を受けられない場合（とくに，小児科，産婦人科など）があることが指摘されるようになっている。あわせて，実質的な意味での健康の不平等・格差といった点も考えてみる必要がある。またこの他にも，医療保険制度内の問題としては，保険給付の範囲（対象）の問題，医療全体の問題としては，医療の質や医療技術と医療提供のあり方など，考えるべき点はいろいろある。

2　医療制度改革のながれ

　ここでみてきたような医療保障のしくみをどのように維持・改善していくのかが政策上の問題として議論され，そして改革という形で実施されてきている。医療保障のしくみは常に変わり続けているのだ。最後にこの点について触れておくことにしよう。

COLUMN　「健康」は誰のもの？

　健康食品，健康グッズが飛ぶように売れ，また健康をテーマに取り上げるテレビ番組は高視聴率を獲得し，揚げ句の果てには「健康病」とまで揶揄されるように，私たちの健康への関心は，現在，これまでになく高く，現代社会のキーワードの1つとなっていると言ってもよい。

　ところで，この「健康」，これが一体何を意味しているのかは実は必ずしもはっきりしない。ある人は，「病気をしていないことが健康である」と言い，さらに別の人は健康にもっと積極的な意味を見出そうとする。ちなみに，健康を定義している法律はない。しばしば引き合いに出される健康の定義は，WHO憲章序文のもの。ここでは，「健康とは，肉体的，精神的および社会的なあらゆる面において満ち足りた状態をいい，単に感染症や疾病がないことをいうのではない」と，かなり積極的な定義を行っている。とくに，社会的な側面を考慮するのだとすると，やはり単に医療技術の進歩だけでは健康は実現しそうにない。また社会や国家による様々な支援は不可欠ということになるのだろう。他方で，本章でみてきたような医療に関する社会的な制度の存在ゆえに，そしてしばしば医療費の問題と関係して，健康はもはや個人の関心事にとどまらず，社会や国家の関心事となっている。健康増進法2条（国民の責務）の「国民は，……健康の増進に努めなければならない」という規定などは，その1つの顕著な例だろう。しかし，そうだとしても，私の健康はやっぱり私のものではないか？みなさんはどう考える？

　現在，「地域医療」という言葉が 1 つのキーワードとなっている。高齢化の進展に加え，人口減少に直面する地域社会において，人々がいつまでも安心して地域で暮らし続けることができるよう，医療そのものの見直しが求められている。そこで，すでに着手されてきている医療費の適正化の総合的な推進，医療保険の再編など，医療保険制度にかかわる各種改正・改革に加え，医療提供体制についても，これまでの「病院完結型」医療から「地域連携開放型」医療に方向転換していくため，「かかりつけ医」や「病診連携」をさらに浸透・定着させることや，「地域包括ケアシステム」にみられるような，医療と福祉（介護）のさらなる連携が模索されている。

　このように，地方・地域の実情を見据えながら，他方で，効率化，予防の重視，個人による医療の選択，といった時代の要請にも応えられるような制度のあり方を議論していかねばならない。そのためにも，諸外国の制度やそこでの取り組みなどを参考にしつつ，広い視野をもって私たち一人ひとりが制度の理解を深め，制度のあり方を考えていかねばならない。

【国京則幸】

◎さらに深く学ぶための参考文献

加藤智章編『世界の病院・介護施設』法律文化社，2020年
　日本，ドイツ，フランス，イギリス，オーストラリア，韓国の医療提供施設についてわかりやすく解説している（この他，日本，ドイツ，フランスの介護施設についても）。下記 2 冊とあわせて各国の状況を理解し，改めて日本の医療のことを客観的に理解してもらいたい。

加藤智章編『世界の診療報酬』法律文化社，2016年
　日本，フランス，ドイツ，イギリス，アメリカのそれぞれの医療保障で，お金の問題（＝診療報酬）がどのように位置づけられているのか，その制度と意義・考え方をわかりやすく解説している。医療保障について一歩踏み込んで理解したい人に読んでもらいたい。

加藤智章・西田和弘編著『世界の医療保障』法律文化社，2013年
　日本を含め，ドイツやフランス，イギリスなど11か国の医療保障の制度について，初学者にもわかりやすいように書かれた 1 冊。日本の制度との比較を容易にするための工夫がされており，他国の医療保障について勉強したい人にお薦めしたい。

第3章　介護保険

1　介護保険制度とは

　介護保険制度とは，老齢化により介護が必要となった場合にできる限り自立した日常生活を営めるよう，介護に必要なサービスを社会保険というしくみを用いて社会的に提供する制度である。ここでは，介護保険制度創設の沿革および制度の理念と内容，ならびに今後の課題を論じる。はじめに，介護保険法が制定される以前に，わが国の法制度が老化にともなう介護ニーズにどのように対応していたかを明らかにし，なぜ介護保険法の制定が必要だったのか，介護保険制度の理念がどのようなものであるかをみていくことにしよう。

1　介護保険制度の歴史的沿革

老人福祉法による
介護ニーズへの対応
　老化にともなう介護ニーズへの政策対応は，1963年の老人福祉法の制定に始まる。当時，社会状況が大きく変わっていくなかで，高齢者が従来のような生活支援を身内の者から受けられなくなっていた。それにもかかわらず，高齢者のみを対象とした福祉政策はほとんど実施されていなかった。そのため，社会の変化から取り残された高齢者の自殺率の増加や，戦後のインフレや物価上昇で経済的困窮状態に陥った高齢者の生活保護受給率の増加が，社会問題となっていた。そこで，このような状況を改善するために，65歳以上の高齢者を対象に福祉サービスを提供する「老人福祉法」が制定された。

　老人福祉法上での介護ニーズへの対応は，住み慣れた自宅で生活を続けることを希望する高齢者の自宅を訪問し，家事や介護を行う老人家庭奉仕員を派遣

する家庭介護支援や，特別養護老人ホームでの介護の提供などがあった。

特別養護老人ホーム　特別養護老人ホームは，身体上または精神上著しい欠陥があるために常時介護を必要とし，しかも，居宅では介護を受けることが困難な高齢者を収容・養護することを目的とする施設である。ただし，老人福祉法の制定当時は定員80人の施設がわずかに１施設あるだけであった。

その後，特別養護老人ホームは1980年には1031か所（定員８万385人）に達するが，老人福祉法では十分に対応することができなかった。その一因として，老人福祉法上での施設入所が措置に基づくものであったことがあげられる。**措置**とは，措置権者である市町村が利用者の入所の必要性を判断し，それに基づき利用できる施設やサービスの内容を決定するしくみである（後掲**図表３-１**参照）。そのため，介護施設の入所費用は入所者の経済状況に応じて自治体が徴収する「応能負担原則」で，不足分は国と自治体が税金で補った。老人福祉法は，すべての高齢者介護に対応する施策ではなかった。

医療保険制度による介護ニーズへの対応　介護保険法制定以前の，介護を必要とする高齢者のもうひとつの受け皿としては，病院があった。

介護ニーズを有する高齢者のうち，特別養護老人ホームに入所できない者や，入所が可能であっても，応能負担原則により特別養護老人ホームを利用すると自己負担額が高くなる中高所得階層の高齢者は，病院で長期にわたる入院生活をおくる場合が少なくなかった。これが，いわゆる**社会的入院**である。社会的入院に対しては，医療費の無駄遣いが生じているという批判があった。

1982年には，70歳以上（寝たきりの場合は65歳以上）の人を対象に医療保険と同等の医療サービスを保障する，**老人保健法**が制定された。老人保健法上での介護ニーズへの対応としては，病院での医療サービスの一環としての介護や，老人保健施設におけるケアサービスの提供，在宅介護者に対する訪問看護があった。

制度の再編成と介護保険法の制定　このように，老人福祉法と医療保険制度は，高齢者の介護ニーズに対して別々に対応していた。そのため介護サービスを利用しにくい問題や，同じ介護ニーズを有する高齢者の利用者負担額が利用する法制度によって異なるといった不合理な格差が生じていた。そ

こで，これらを解消し，公平かつ効率的で利用しやすい介護サービスを供給する体制を整備するために，老人福祉法の介護サービスと医療保険制度の医療分野での介護サービスを抜き出し，統合したのが介護保険法である。2000年に介護保険法が施行されたことにより，老人福祉法や老人保健法に基づく介護サービスが基本的には介護保険法に移行することになった。

ただし，介護保険法施行後も，家族の虐待や無視により要介護認定の申請ができない，あるいは認知症にもかかわらず代理する者がいないといったやむを得ない事由により，介護保険法上のサービス利用が著しく困難な場合，市町村が老人福祉法上の措置により在宅サービスを提供し，あるいは特別養護老人ホームへ入所させることが義務づけられている（老福10条の4・11条）。

制度運用後の見直し　介護保険法では，2000年の制度運用開始から5年を目途に制度の見直しが規定されている（介保附則2条）。そこで，2005年には今後の社会変化や制度の持続可能性を念頭においた「予防重視型システムへの転換や，施設給付の見直し，認知症や独居老人の増加に対応できる地域支援体制を整備するための新たなサービス体系の確立などの改革」が行われた。

2011年には高齢者が地域で自立した生活を営めるよう，医療，介護，予防，住まい，生活支援サービスが切れ目なく提供される「地域包括ケアシステム」の実現に向けた取り組みを進めることをねらいとした改革が行われた。

2014年には，「地域における医療及び介護の総合的な確保を推進するための関係法律の整備等に関する法律」（略称，地域医療介護総合確保推進法）が成立し，地域包括ケアシステムの構築と介護保険制度の持続可能性の確保のための見直し事項が盛り込まれた。同時に，保険料上昇をできる限り抑えるため，所得や資産のある人の利用者負担の見直しを狙いとして，費用負担の公平化などが示された。また，有料老人ホームに該当するサービス付き高齢者向け住宅（略称，サ高住）への住所地特例の適用などが示された。

政府は2017年6月，**地域包括ケアシステムの深化・推進，介護保険制度の持続可能性の確保**の2点を主な内容とする「地域包括ケアシステムの強化のための介護保険法等の一部を改正する法律」を制定し，自立支援・重度化防止に向けた保険者機能の強化等の取り組みの推進などを行うとともに，介護保険制度

の持続可能性の確保の観点から，２割負担者のうち現役並みの所得がある層への３割負担の導入，介護納付金への総報酬割の導入を行った。また，2018年には医療と介護の複合的ニーズに対応する目的で**介護医療院**が創設された。

　また，2020年６月には「地域共生社会の実現のための社会福祉等の一部を改正する法律」が成立した。この法律には，地域の特性に応じた認知症施策や介護サービス提供体制の整備などの推進や，医療・介護のデータ基盤の整備の推進，介護人材確保および業務効率化の取り組みの強化といった内容が盛り込まれており，これらを踏まえ，第８期介護保険計画の策定および地域共生社会の実現に向けた取り組みを進めていくこととしている。

2　介護保険制度の理念

　介護保険法の目的は，加齢にともなって生じる心身の変化により要介護状態となり，介護や看護・医療を必要とする者に「その有する能力に応じ自立した日常生活を営む事ができるよう」に，必要なサービス給付を行うことである。制度の根幹をなす理念として「国民の共同連帯」をあげている（介保１条）。

　つまり，介護保険制度とは加齢により要支援・要介護状態となった者の自立支援を目的に，国民が相互に支え合うしくみ（連帯）であるといえる。介護保険制度創設時の議論や，上記の介護保険法の目的規定（介保１条）を踏まえると，介護保険制度の創設の目的は，主に次の４点をあげることができる。

　介護の社会化　高齢化の進行により，誰にとっても高齢化における最大の不安要因の１つである介護問題について，社会全体で高齢者介護を支えるしくみを構築して介護不安を解消し，家族などの介護者負担の軽減を図り，安心して生活できる社会，いわゆる「介護の社会化」の創設である。

　要介護者への自立支援　要支援・要介護状態になった高齢者がもっている能力に応じて，可能な限り自らの意思に基づき自立した質の高い日常生活を送ることができるように支援する。そこで，個別状況に合わせた支援が可能となるように，介護保険制度では多様なサービス供給が必要になる。その際，利用者の在宅サービスにおける介護プランや，施設サービスでの施設

図表3-1　サービス供給にかかる法律関係

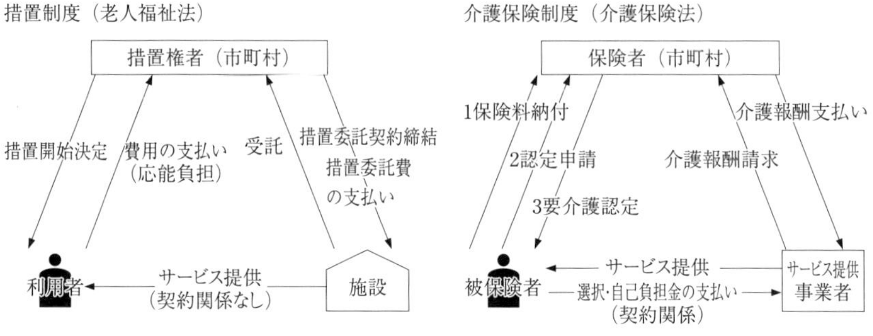

サービス計画を作成するときには，自己決定を尊重し，支援する体制として**介護支援専門員**（ケアマネジャー）のサポート体制が整備されている。要介護者への自立支援は，障害者などへの福祉分野にも影響を与えている。

利用者本位とサービスの総合化　　サービスの利用に際しては，利用者の選択が前提となる（介保2条3項）。老人福祉と老人医療に分かれていた制度を再編成し，要介護状態などの利用者の選択により，多様な事業主体または施設から保健医療サービスおよび福祉サービスを総合的に受けられる利用者本位の制度とした。

　老人福祉法上での措置と介護保険制度でのサービス供給にかかる法律関係を比べた場合，措置制度では措置開始決定後，措置権者である市町村と事業者の間に措置委託契約が締結され，それに基づいて，事業者に措置対象者である高齢者に対するサービスの提供義務が発生する。一方，介護保険制度では，市町村の要介護認定後，利用者が事業者を選択し，その事業者との間で締結する契約に基づいてサービスの提供が行われることになる（**図表3-1**参照）。

連帯と社会保険方式　　介護サービスに関する給付と負担の関係を明確にするとともに，今後確実に増加が見込まれる介護費用の財源について将来にわたって安定的に確保するため，「国民の共同連帯の理念」に基づき公平に保険料を負担する（介保4条2項）。つまり，社会保険方式を採用しており，個々の被保険者が有する介護リスクとは無関係に保険料が設定・徴収されている。なお，社会保険方式の導入は，老人福祉分野の措置制度を社会保険におけ

る利用契約制度に切り替える手段ともなる。

2　介護保険制度の概要

1　保　険　者

保険者

保険者とは，市町村および特別区（東京都の23区を指す）である（以下，市町村という）（介保3条）。市町村が保険者となっているのは，地域住民を被保険者とする介護保険制度において，最も身近な行政主体である市町村が制度の運営を行うことで，きめ細かな対応を可能にするためである。

保険者である市町村は，保険給付や要介護認定，第1号被保険者の保険料の賦課・徴収といった介護保険事業を実施する。さらに，国の指針に基づき「市町村介護保険事業計画」を策定し，地域の実情に合わせて必要な介護サービス見込量を測定する。そのうえで，必要となる介護サービスを確保するための基盤整備を行う。

加えて，2005年改正で，介護保険制度が予防重視型システムへと転換したことを受けて，新たに**地域支援事業**が市町村の役割に加わった。地域支援事業では，要支援・要介護状態になっていない被保険者を対象とした介護予防事業や，高齢者虐待防止のための権利擁護事業などを含む**包括的支援事業**が行われている。この事業を実施するのが**地域包括支援センター**である（詳細は51頁を参照）。

国・都道府県
の協力

介護保険制度では，事業が円滑に行われるように保険者である市町村とともに，国・都道府県が事業面と財政面でそれぞれの役割を担い，相互に支え合うしくみとなっている（介保5条）。たとえば事業面では，国は制度全体の枠組みや基準を設定し，制度の基本指針を作成する役割を担う。また都道府県は，国の指針に基づいて都道府県介護保険事業支援計画を策定し，市町村の介護保険事業の円滑な実施を支援する。さらに，国が設定した統一基準を満たした施設や居宅サービス事業者に対して，介護保険の給付対象となることを認める**指定**を行うことも都道府県の重要な役割であ

図表3-2　介護保険給付にかかる費用負担割合

国　　庫	都道府県	市町村	第1号保険料	第2号保険料
施設給付20%*	17.5%	12.5%	22%	28%
居宅給付25%	12.5%	12.5%	22%	28%

注：施設給付20%のうち5％が調整交付金

る。なお，後述するように，医療保険者および年金保険者も介護保険料の徴収を支援し，介護保険制度の運営に協力している。

財　政　面　　財政面では，介護保険給付にかかる費用のうち，被保険者からの保険料でまかなわれる半分を除いた残りの半分を市町村・国・都道府県が分担する（**図表3-2**参照）。公費負担の内訳をみると，介護老人保健施設などの施設給付にかかる費用については，国が20%（うち5％は調整交付金に要する費用），都道府県が17.5%，市町村が12.5%を負担する。居宅サービスなどの居宅給付に係る費用については，国が25%，都道府県と市町村がそれぞれ12.5%ずつ負担する。

　調整交付金は，各市町村の第1号被保険者に占める75歳以上の**後期高齢者**割合の相違や，高齢者の所得分布の相違により生じる市町村間の保険料格差を調整するために支給されるものである。介護保険制度では，この他にも財政安定化基金事業や地域医療介護総合確保基金を設け，保険財政の安定化を図っている。

2　被保険者

被保険者　　被保険者とは，市町村の区域内に住所を有する住人のうち，40歳以上の人である。なぜ40歳以上の人を被保険者としたのかについては，介護保険が対象とする老化にともなう介護ニーズは，高齢期のみならず中高年においても生じること，また，40歳以降になると一般に老親の介護が必要となり，家族という立場から介護保険による社会的支援という利益を受ける可能性が高まるからであると説明されている。

　被保険者は2つに区分されており，65歳以上を第1号被保険者，40歳以上65歳未満の医療保険加入者を第2号被保険者としている（介保9条）。第1号被保険者および第2号被保険者では，給付を受ける条件や保険料の算定・納付方法

が異なる。

**第 1 号被保険者
の保険料**　第 1 号被保険者の保険料は，介護給付に必要となる費用から公費負担分や交付金を差し引いて算出される第 1 号被保険者負担総額を基礎として，市町村ごとに介護サービス量等に応じ算定された基準額に，（能力に応じた負担を求める観点から）被保険者の所得に応じて決まる保険料率をかけて算出する。当初は，5 段階であったが，2015年度からは9 段階に細分化され，被保険者の負担能力に応じた設定となっている。

　近年においては，高齢化の進行による要介護者の増加や住民の介護ニーズの増大から全国的に介護サービス量が増加する傾向にあり，これにともない第 1 号被保険者当たりの月額保険料の全国平均も増加傾向である。2018年 4 月から第 7 期介護保険事業運営期間が開始されたことにともない，**介護保険料の改定**が行われ，2018〜2020年度（第 7 期）の保険料は5869円と第 6 期（2015〜2017年度）に比べ6.4％増加している。

　2019年10月からは，低所得者の保険料の負担の軽減強化を進めるため，消費税10％とする税収増を財源として，第 1 段階は基準額×0.3に，第 2 段階は基準額×0.5に，第 3 段階は基準額×0.7に軽減されている（**図表 3 - 3**）。

**第 1 号被保険者
の保険料徴収**　第 1 号被保険者の保険料徴収では，年額18万円（月額 1 万5000円）以上の老齢年金などを受給している者については，年金から介護保険料が天引きされ（**特別徴収**），年金保険者を介して市町村に支払われる。これは，事務処理上効率的であり，保険料を確実に徴収できるという利点によるものである。2005年の法改正では特別徴収の見直しが行われ，保険料徴収の確実性をさらに高めるために，2007年 4 月より特別徴収の対象が障害年金や遺族年金にも拡大されている。

　特別徴収の対象とならない者は，市町村が個別に保険料を徴収する（**普通徴収**）。強制的に天引きされる特別徴収と異なり，普通徴収では保険料が納付されない可能性がある。そこで介護保険法は，第 1 号保険者の配偶者や，同一の世帯で生活する世帯主に介護保険料支払いの連帯納付義務を負わせることで，確実に保険料が徴収できるような手だてを講じている。それにもかかわらず，保険料を滞納し続ける被保険者に対しては，償還払い方式への変更（介保66条）

46

図表3‐3　第1号被保険者の保険料の算定に関する基準（2019年10月より）

	対象者	保険料の設定方法
第1段階	生活保護被保護者，世帯全員が市町村民税非課税の老齢福祉年金受給者，世帯全員が市町村民税非課税かつ本人年金収入等80万円以下	基準額×0.3
第2段階	世帯全員が市町村民税非課税かつ本人年金収入等80万円超120万円以下	基準額×0.5
第3段階	世帯全員が市町村民税非課税かつ本人年金収入等120万円超	基準額×0.7
第4段階	本人が市町村民税非課税（世帯に課税者がいる）かつ本人年金収入等80万円以下	基準額×0.9
第5段階	本人が市町村民税非課税（世帯に課税者がいる）かつ本人年金収入等80万円超	基準額×1.0
第6段階	市町村民税課税かつ合計所得金額120万円未満	基準額×1.2
第7段階	市町村民税課税かつ合計所得金額120万円以上200万円未満	基準額×1.3
第8段階	市町村民税課税かつ合計所得金額200万円以上300万円未満	基準額×1.5
第9段階	市町村民税課税かつ合計所得金額300万円以上	基準額×1.7

注：具体的な軽減幅は各割合の範囲内で市町村が条例で規定。
出所：一般財団法人 厚生労働統計協会編集発行『国民衛生の動向（2020／2021）』252頁

や保険給付の一時差止などの制限がされる（介保67条・68条）。

　償還払い方式は，介護サービス利用時に被保険者がすべての費用を負担し，後から介護保険から給付される分（9割）を，市町村に請求して払戻しを受ける方法である。償還払い方式への変更は，原則として被保険者が納付期限を過ぎても1年以上保険料を納付しなかった場合に行われる。ただし，災害などで一時的に所得が低下したというような特別の事情に基づく滞納の場合，このような措置は講じられない（介保施令30条～32条・施規100条）。

第2号被保険者の保険料　　第2号被保険者の保険料の算定方法は，給与所得者の場合，基本的には健康保険料と同様に報酬に比例して算出される。国民健康保険の被保険者である自営業者などの場合は，国民健康保険料算定のルールにのっとり，応能割・応益割に基づいて算出される。第2号被保険者にかかる介護保険料の半分は，被用者健康保険の被保険者であれば使用者が負担し，国民健康保険の被保険者であれば国庫が負担する。

第2号被保険者の保険料徴収　　第2号被保険者の介護保険料は，健康保険料と一括して医療保険者が徴収し，社会保険診療報酬支払基金に納付することとされていたが，2017年の法改正により，被用者保険（協会けんぽ，

健保組合，共済組合）間では総報酬割（報酬額に比例した）負担が導入されている（激変緩和の観点から段階的に導入することとされ，2017年8月分から2018年度は2分の1適用，2019年度は4分の3適用，2020年度から全額適用となっている）。基金は集めた納金を各市町村に一定割合で交付する。医療保険者は，この納付金が納められるよう，それぞれの医療保険制度の算定方法に基づき第2号被保険者の保険料を設定し，一般の医療保険料に上乗せする形で一括して徴収している。

3　保険給付

要介護認定　　　介護給付を受けようとする被保険者は，**要介護認定**により介護給付を受けられる状態にあるのか，介護の必要性はどの程度かの認定を受ける。要介護認定は，被保険者の申請に基づいて行われる。ただし，被保険者に申請能力がない場合などを考慮して，居宅介護支援事業者や介護保険施設などによる代行が認められている（介保27条1項）。なお，居宅介護支援事業者および介護保険施設による代行は，本人の意思を確認しないで申請を行ったり，十分な説明を行わずに代行したり，不適切な事例がみられたた

COLUMN　介護保険制度でも子育て支援

　ドイツの介護保険法はわが国より3年早く1994年に公布された。そのため，わが国の介護保険制度のモデルともされるが，両者の間には相違も多い。たとえば，ドイツの公的介護保険制度では，子どもから大人まですべての公的医療保険加入者が被保険者となる。つまり，ドイツの制度は，わが国の制度と比べると，介護リスクの高い高齢者を若い世代が支える，世代間連帯的要素が強いといえる。

　世代間連帯を基礎とする制度は，上の世代を支える次世代の存在なしに存続することが難しい。ここからドイツでは次世代の担い手である子どもを，保険料拠出と同様に制度の維持存続に不可欠な要素であるとみなす。このことは，子育てをする被保険者が保険料拠出と子育てという，いわば二重の負担を負うのに対し，子どものいない被保険者は保険料負担しか負わず，不公平であるという理解を生む。このような理解はドイツの連邦憲法裁判所でも認められた。その結果，不公平を是正するために，ドイツでは子育て経験を有する23歳以上の被保険者の保険料を安くするしくみ，言い換えれば介護保険制度を用いた子育て優遇策が実施されている（社会法典第11編55条）。

め，2006年改正法で代行可能な者の範囲が限定された。具体的には，これらの事業者が「要介護認定等の申請に係る援助」の規定への違反がないことが代行要件として新たに求められるようになった（介保27条1項・施規35条3項など）。

　申請を受けると市町村は，被保険者の心身の状態を，訪問調査を行うとともに，主治医の意見を聞いて，コンピュータ判定（一次判定）を行い，その結果と主治医の意見書に基づき，介護認定審査会において，審査・判定（二次判定）を行う。市町村は，原則として申請を受けてから30日以内に被保険者に結果を通知する（介保27条11項）。調査や審査・判定においては，全国一律の基準が用いられることで，公平で客観的な判断を行うことができるようになっている。介護認定審査会の設置は，複数の市町村が共同で行うこともできる。また，事務執行体制が整わず，市町村自ら審査・判定業務を行うことが困難な場合は，都道府県に介護認定審査会の設置を委託することも可能である。

　なお，第1号被保険者は，その原因がいかなるものであれ要支援・要介護の状態にあることが認められれば介護保険給付を受けることができる。これに対して第2号被保険者は，要支援・要介護状態になった原因が老化に起因する特定の病気の場合にだけ介護保険給付を受けることができる。そこで，第2号被保険者の認定審査では，障害状態が特定疾病によるものかどうかもあわせて審査される。その結果，介護保険からの給付が認められないと判断された第2号被保険者に対しては，障害者福祉施策が介護サービスを提供することになる。

不服申立て　要介護認定に不服がある場合，原則として処分の内容を知った日から3か月以内に，都道府県に設置される**介護保険審査会**に審査請求を行うことができる（介保183条・192条）。介護保険審査会は，被保険者・市町村・公益の代表者の3者により構成されている。介護保険審査会では請求内容に応じて，必要があれば専門調査員による調査を経た後，合議体によって裁決を行う。裁決には，請求の理由がないときは「棄却」，請求自体が不適法で理由の有無を判断しないときは「却下」，認定を取り消す「請求の認容」の3種類がある。

認定区分　要介護認定により保険給付の必要があると認定されると，被保険者は必要度に応じて，要支援1，2もしくは，要介護1

図表3-4　保険給付と要介護状態区分

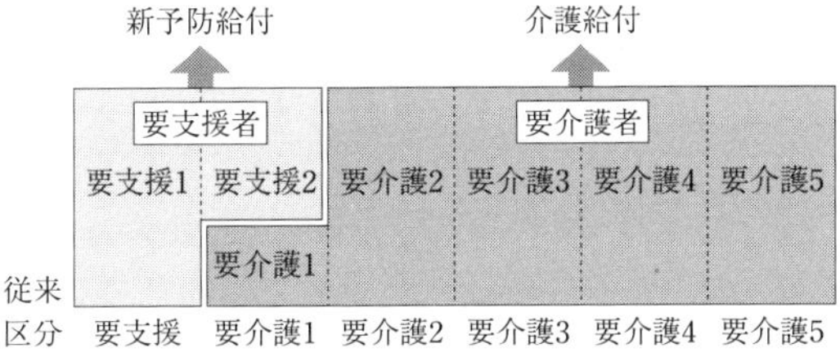

出所：厚生労働省資料より

～5のいずれかに区分される（**図表3-4**参照）。

「要介護」状態とは，身体上もしくは精神上の障害のために入浴・排せつ・食事などの日常生活上の基本動作について，6か月間継続して常時介護を要する状態を指す（介保7条1項・施規2条）。要介護認定を受けた被保険者には，「**介護給付**」が支給される。

「要支援」状態とは，6か月にわたり継続して介護予防や要介護状態の軽減のための支援を必要とする状態を指す（介保7条2項・施規3条）。要支援については従来の区分に加えて，2005年の法改正により要支援2という新たな区分が設定された。要支援認定を受けた被保険者には，要介護状態の発生を予防するために「**予防給付**」が支給される。

給付の内容　介護保険給付には，居宅介護サービス・施設サービス・居宅介護支援（事業者のケアマネジャーによるケアマネジメント）・介護予防サービス（介護予防のケアマネジメント）・地域密着型介護サービス・地域密着型介護予防サービス・介護予防などがある（**図表3-5**参照）。

居宅介護サービス　居宅介護サービスは，在宅の被保険者に，訪問サービス・通所サービス・短期入所サービスなどを提供する。なお，都道府県知事の指定を受けた軽費老人ホームや有料老人ホームの入居者が，要介護認定後にホームで居宅介護サービス計画に基づいて受ける介護サービスは，居宅サービスとして保険給付の対象になる。これは，施設給付の対象とならない特定施設に入居している要介護・要支援者を，居宅にいる場合と同様に保険給付の対象とするためである。

図表3-5　介護保険サービスの種類

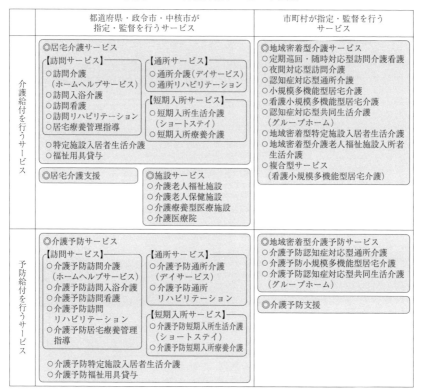

都道府県・政令市・中核市が指定・監督を行うサービス	市町村が指定・監督を行うサービス
介護給付を行うサービス ◎居宅介護サービス 【訪問サービス】 ○訪問介護（ホームヘルプサービス） ○訪問入浴介護 ○訪問看護 ○訪問リハビリテーション ○居宅療養管理指導 ○特定施設入居者生活介護 ○福祉用具貸与 【通所サービス】 ○通所介護（デイサービス） ○通所リハビリテーション 【短期入所サービス】 ○短期入所生活介護（ショートステイ） ○短期入所療養介護 ◎居宅介護支援 ◎施設サービス ○介護老人福祉施設 ○介護老人保健施設 ○介護療養型医療施設 ○介護医療院	◎地域密着型介護サービス ○定期巡回・随時対応型訪問介護看護 ○夜間対応型訪問介護 ○認知症対応型通所介護 ○小規模多機能型居宅介護 ○看護小規模多機能型居宅介護 ○認知症対応型共同生活介護（グループホーム） ○地域密着型特定施設入居者生活介護 ○地域密着型介護老人福祉施設入所者生活介護 ○複合型サービス（看護小規模多機能型居宅介護）
予防給付を行うサービス ◎介護予防サービス 【訪問サービス】 ○介護予防訪問介護（ホームヘルプサービス） ○介護予防訪問入浴介護 ○介護予防訪問看護 ○介護予防訪問リハビリテーション ○介護予防居宅療養管理指導 ○介護予防特定施設入居者生活介護 ○介護予防福祉用具貸与 【通所サービス】 ○介護予防通所介護（デイサービス） ○介護予防通所リハビリテーション 【短期入所サービス】 ○介護予防短期入所生活介護（ショートステイ） ○介護予防短期入所療養介護	◎地域密着型介護予防サービス ○介護予防認知症対応型通所介護 ○介護予防小規模多機能型居宅介護 ○介護予防認知症対応型共同生活介護（グループホーム） ◎介護予防支援

注：このほか，居宅介護（介護予防）福祉用具購入費の支給，居宅介護（介護予防）住宅改修費の支給，市町村が行う介護予防・日常生活支援総合事業がある。

出所：厚生労働省2015〜2017年資料を元に加筆

地域密着型介護サービス　地域密着型介護サービスは，2005年の法改正で創設された給付型サービスである。この給付では，在宅支援の強化といった観点から，認知症高齢者や一人暮らし高齢者の増加などを踏まえ，一人ひとりができる限り住み慣れた地域で生活を続けられるように，地域の特性に応じ，身近な市町村で提供されるサービスで，市町村長が指定権限を有している。この介護サービスは，高齢者の居住地での生活を24時間支えるため，定期巡回・夜間対応型訪問介護・認知症の人が在宅生活での自立を支援する認知症対応型の通所介護などがある。なお，原則としてサービスを提供する市町村の

住民しか利用できない。

　2012年4月,「介護サービスの基盤強化のための介護保険法等の一部を改正する法律」が施行され,地域密着型介護サービスとして,「定期巡回・随時対応型訪問介護看護サービス」,「複合型サービス」が導入された。その後,「訪問看護」と「小規模多機能型居宅介護」を組み合わせて提供する「複合型サービス」は,提供するサービス内容のイメージがしにくいとの指摘を踏まえ,2015年度の介護報酬改定で「看護小規模多機能型居宅介護」に名称を変更した。

**地域包括
支援センター**　地域包括支援センターは,地域における介護予防マネジメントや総合相談,権利擁護などを担う公正・中立な立場の中核機関として,2005年の介護保険法改正で創設された。センターは,市町村または市町村から委託を受けた法人が設置・運営主体となり,保健師や社会福祉士,主にケアマネジャーといった専門の職種が配置されている。センターの設置・運営については,中立性の確保・人材確保支援などの観点から,地域包括支援センター運営協議会がかかわり,市町村や地域のサービス事業者,被保険者の代表などが入る。2020年4月末現在,全国で5221か所が設置された。また,地域包括支援センターは,包括的支援事業を効果的に実施するため,市町村職員,ケアマネジャー,介護事業者,民生委員,医療関係者等が参加する**地域ケア会議**を設置,運営し,地域支援ネットワーク構築,高齢者の自立支援に資するケアマネジメント支援,地域課題の把握等を推進する。国は,市町村に対し,「地域ケア会議」の開催に係る費用に対して,財政支援を行う。

施設サービス　施設サービスの介護保険施設として,従来の介護老人福祉施設(特別養護老人ホーム),介護老人保健施設,介護療養型医療施設,介護医療院の4類型がある。これらの施設は,その機能ごとに入所できる対象者が異なる。

　介護老人福祉施設は,常時介護が必要で在宅生活が困難な要介護者が対象であり,他の2施設と比較すると生活の場としての性格が強い。介護老人保健施設は,病状が安定した状態にあり,入院治療は必要ないものの,リハビリ・看護・介護を必要とする要介護者が対象である。家庭への復帰を主要な役割とす

52

る施設であることから，長期間の入所は想定されていない。また，介護療養型医療施設は，病状が安定している長期療養患者のうち密度の高い医学的管理や，積極的なリハビリテーションを必要とする者が対象となる。

　介護医療院は，今後増加が見込まれる慢性期の医療と介護の複合的ニーズに対応する目的で，「日常的な医学管理」や「看取り・ターミナルケア」等の機能と「生活施設」としての機能とを兼ね備えた新たな介護保険施設として2018年４月に開設された。開設の主体は地方公共団体，医療法人，社会福祉法人などの非営利法人などである。2020年３月末現在，介護療養院は343施設（21,738療養床）となった。

　ちなみに，介護療養型医療施設の経過措置期間（2018年３月まで）は，2017年の法改正により，2024年３月まで６年間延長されている。

介護予防サービス　介護予防は，高齢者が要介護状態などになることへの予防または要介護状態等の軽減もしくは悪化の防止を目的として行う。要支援者に対する保険給付を予防給付という。予防給付におけるサービスの種類は，**図表３-５**を参照されたい。介護給付と異なり施設サービスではない。また，ケアプラン作成等のケアマネジメントは，要支援・要介護状態になる前からの一貫性・連続性のある介護予防マネジメント体制を確立する観点から，社会福祉士，保健師，主任介護支援専門員（主任ケアマネジャー）が配置される地域包括支援センターで行われている。

**保険給付と被保険者
の自己負担**　介護保険制度では，原則としてサービス費用の９割が保険給付され，利用者の自己負担額は残りの１割相当額であったが，2017年の介護保険法の改正により，所得の高い者の負担割合が引き上げられた。居宅介護サービスや地域密着型サービスでは，サービスの種類ごとに設けられた基準額の９割（または，7,8割）で，基準額は，指定居宅サービス介護給付費単位数表で算定した単位数に，地域・サービス区分ごとの単価を乗じた額として算定されており，利用者負担や区分支給限度額なども同様である。実際の費用が基準額より低い場合は，実際の費用の９割（または，7,8割）が支給されており，原則として，事業者に直接支払われるもので，利用者は費用の１割（または2,3割）を負担してサービスを受けることに

なる。これを法定代理受領方式による現物給付という。ただし，利用者の選択による特別なサービスの費用や要介護度に応じて保険給付の上限額（区分支給限度基準額）を超えたときは，限度額を超えた額は，全額利用者の負担となる。

また，施設サービス費の給付額は，施設サービスごとの基準額の9割（または7，8割）で，施設サービス費として保険者から施設に直接支払われており，法定代理受領方式による現物給付となる点は，居宅介護サービス費の場合と同様である。

入所者の負担はサービス費用の1割（または2，3割）であるが，施設入所者（ショートステイ利用者を含む）の居住費，食費については，在宅と施設の利用者負担の公平性，介護保険と年金給付の調整の観点から，低所得者に配慮したうえで，保険給付の対象外（自己負担）となっている。低所得者に対しては，特定入所者介護サービス費等（補足給付）を保険から給付することにより，食費・居住費の負担を軽減している。2016年8月から，補足給付の適用にあたっては，利用者の預貯金等の資産を勘案することとしている。その他，利用者の選択による特別なサービスの費用は，全額利用者の負担となる。

なお，介護給付については，利用者負担が高額になる場合には負担の上限が設けられ，高額介護サービス費が支給されている。また，その支給基準は，年収1160万円以上の高所得者は月額14万100円，一般には4万4400円，低所得者の場合はそれよりも低い額が設定されている。このように，介護保険制度では利用者の負担が過重にならないように，様々な対策が講じられている。

4　サービス供給体制

**ケアプランと
ケアマネジャー**　要支援・要介護認定を受けた被保険者は，自分に適したサービスをどのように選択・決定するのだろうか。

介護保険では，利用者が自らの意思に基づいて利用するサービスを選択し，決定することが基本となる。

こうした利用者の自己決定を支援するため，市町村や，居宅介護支援事業者などが幅広く介護サービスに関する情報の提供を行うことになっている。利用者は，居宅介護支援事業者に依頼して，本人の心身の状況や希望などを勘案し

て介護サービス事業者などとの連絡調整を行ってもらい，利用する居宅サービスの種類や内容を定め居宅サービス計画（ケアプラン）を作成してもらうことができる。

なお，こうした居宅介護支援サービスを受けずに，利用者自らがサービスの利用計画を作成して，居宅サービスを受けることも可能であるが，介護保険施設に入所する場合は，施設の介護支援専門員により，施設サービス計画（ケアプラン）が作成される。介護予防サービスの場合は，地域包括支援センターにより介護予防サービス計画（介護予防プラン）が作成される。なお，ケアプラン作成にかかる費用は，全額保険給付の対象となるため利用者負担はない。

サービス提供事業者および施設　介護保険法の目的に合致し，一定の基準を満たすサービスの提供を保障するため，介護保険給付の対象となる介護サービスを提供する介護保険施設や居宅サービス提供事業者・居宅介護支援事業者は，都道府県知事の「指定」を受けることが必要となる（介保70条）。「指定」は，人員基準や設置運営基準を満たした施設や事業者に認められる。介護保険施設は株式会社のような営利法人は設置できないが，一方で，居宅サービス提供事業者や居宅介護支援事業者は，NPO法人や営利法人の参入も認められている。なお，2006年より利用者の適切なサービス選択を可能にするため，すべての介護サービス事業者に事業者情報の公表を義務づけるしくみが導入された。さらに，2008年改正で事業者に対する行政の規制強化が図られている。

苦情処理　介護保険法に基づき提供されるサービスに苦情がある場合，各都道府県に設立されている**国民健康保険団体連合会**（以下，**国保連合会**という）が苦情処理の窓口となる（介保176条）。国保連合会は，指定事業者に必要な指導および助言を行うことでサービスの改善を促す。この他にも各市町村の介護保険担当課や居宅介護支援事業者が身近な相談窓口として苦情への対応を行っている。

3　今後の課題

　2000年4月に社会全体で高齢者介護を支えるしくみとして創設された介護保険制度は21年目を迎えており，着実に社会に定着している。介護サービスの利用者は在宅サービスを中心に増加し，2000年4月には149万人であったサービス利用者数は，2021年5月には583.4万人と約4倍になっている。高齢化のピークを迎えるとされる2042年まで，介護保険サービスの利用者はさらに増加し，これにともない，介護保険給付費も増え続けていくであろう。それゆえ，今後も制度を継続的かつ安定的に維持存続していくためには，①保険給付費の抑制と同時に，②給付に必要な財源確保，③介護の担い手である介護人材の確保が大きな課題となる。

保険給付費の抑制　介護保険利用者数の大幅な増加にともない，介護保険に係る総費用も，創設時の2000年度は3.6兆円だったものが，2020年度では12兆円3000億円となり，約3.4倍の伸びとなっている。毎年膨張する保険給付費の抑制については，すでに2005年改正により，介護保険施設における居住費・滞在費など（以下，ホテルコストという）を利用者負担とする見直しや，将来的な給付費の削減を見込んだ予防重視型システムへの転換が行われた。このうちホテルコストについては，利用者と施設との契約に基づいて具体的な額が決まる。それゆえ，弱い立場に置かれがちな利用者を擁護し，厚生労働省のガイドラインにそった適正な決定の実施を保障するためのしくみづくりが，さらなる課題として残されている。

　予防重視型システムへの転換については，予防給付の対象となる要支援者への給付において，自立支援を強調しすぎるあまり，逆に身体状況にそぐわないサービス供給が行われるようになったとの批判がある。将来的な給付費削減という目的を達成するためには，今後，予防給付の内容と，その効果を定期的に検証することが求められるであろう。

財源確保　一方，さらなる財源確保の方法としては，まず，介護保険料の増額があげられる。第1号被保険者の介護保険料は，各市

町村保険者において 3 年ごとに改定されている。介護保険料は，制度制定時には全国平均で第 1 号被保険者 1 人当たり月2911円（第 1 期・2000年度～2002年度）であったが，現在は6014円（第 8 期・2021年～2023年）で，約 2 倍の伸びとなっている。第 1 号被保険者には住民税非課税世帯が多く含まれており，経済的な余力がない者も多い。こうした度重なる負担の増加に，第 1 号被保険者が今後も耐えていけるかは疑問である。第 2 号被保険者についても，第 1 号被保険者の増加による保険給付費の増大を，第 2 号被保険者の保険料増額によって賄うことは，給付と負担の公平という観点から問題となる。これらのことから，保険料の増額のみで今後の給付費の増大に対応していくことは難しいことが予想される。

　そこで考えられるのが，被保険者の範囲拡大である。これに関しては，以前から被保険者の対象年齢を引き下げると同時に，給付対象を老化にともなう介護ニーズに限定せずに，幅広い介護ニーズを対象とする普遍的な制度を形成すべきとの意見があった。このような方法を選択した場合，介護ニーズを要するに至った原因や障害種別とは関係なく，被保険者が介護サービスを受給できるようになるという利点がある。その反面，とくに現行法上，障害者福祉施策で対応している若年障害者の介護ニーズに，介護保険制度で対応が可能かといった疑問が出されている。

　いずれにしても，介護保険制度の維持存続のためにはさらなる財源確保は避けて通ることのできない課題であり，他の法制度も視野に入れた活発な議論が求められる。

介護人材の確保　介護労働に携わる人材の不足が大きな社会問題になっている。とくに，団塊世代がすべて75歳以上となる2025年（いわゆる2025年問題）を見据えて，介護人材の確保は重要な課題である。介護人材の確保をめぐっては，生産年齢人口の減少，経済状況好転による他産業への流出といった「量」の確保の懸念のほか，認知症や医療ニーズを併せもつ高齢者の増加など，介護ニーズの高度化・多様化に対応するための「質」の向上も求められている。介護保険制度の創設以降，介護職員数（訪問介護職員含む）は，制度実施時点の2000年には約55万人であったが，2017年には186万8000人

と 3 倍以上も増加しており，2025年には約37万7000人の介護人材が不足すると推計されている。

　そこで，2008年 4 月に，こうした慢性的に不足している介護人材確保のために，介護従事者の処遇改善を図ることを目的とした「介護従事者等の人材確保のための介護従事者の処遇改善に関する法律」（略称，介護人材確保法）が成立した。その後，2015年11月に，一億総活躍社会の実現に向けた緊急対策が発表され，「安心につながる社会保障」として「介護離職ゼロ」の実現が掲げられ，その一環として介護の環境整備が進められることとなった。2016年 5 月には，賃金の引上げ（月額平均 1 万円相当），介護福祉士を目指す学生に返済を免除する月 5 万円の修学資金貸付制度の創設，いったん仕事を離れた人が再び仕事に就く場合の20万円の再就職準備金貸付制度の更なる充実，高齢人材の活用，介護ロボットの活用促進，介護労働の負担軽減などの内容が盛り込まれた，「ニッポン一億総活躍プラン」における介護離職ゼロへ向けた取り組みが公表された。

　今後においても，高齢化の急速な進展にともなって介護サービスの増加が見込まれるなか，それを担う介護人材をさらに多く確保することが求められている。人材確保が困難な状況を改善し，質の高いサービスを安定的に提供するためには，介護従事者の賃金や労働環境などの処遇改善などの取り組みを一層積極的に進めていく必要がある。

【呉　紅敏】

◎さらに深く学ぶための参考文献

増田雅暢著『介護保険の検証─軌跡の考察と今後の課題』法律文化社，2016年
　　実施されて15年が経過した介護保険について，時々の制度改正の経緯・動向・概要を解説。超高齢社会における介護保険制度の課題を提示。

『介護保険制度の解説　平成24年 4 月版』社会保険研究所，2012年
　　介護保険制度の全体像や制度の内容を詳述している。

第4章　年金制度

1　年金制度とはなにか

1　公的年金の意義

年金とは

年金制度には，国が行う社会保障としての公的年金と企業年金や生命保険の養老保険，個人年金などの私的年金がある。

　公的年金とは，高齢，障害，死亡という長期の所得の喪失・減少や支出増を招来する事態に対して，健康で文化的な生活を営めるよう所得を保障する生存権保障制度である。高齢，障害，死亡という事由（**保険事故**）が生じたすべての人に，人間らしい生活ができる水準の年金を支給することが重要である。公的年金給付には，老齢年金給付，障害年金給付，遺族年金給付の3種類があり，現行の公的年金制度では老齢年金給付を中心とした制度設計がなされている。1985年の公的年金法改正による基礎年金導入により，1986年4月1日以降，基礎年金を1階部分とし，被用者年金を2階部分とする2階建ての制度体系が採用されている（企業年金を含めて3階建てともいう。**図表4-1**）。

公的年金の意義

障害・主たる生計維持者の死亡という事態は，突発的に生じる場合が多く，事前に備えることは困難である。公的年金の障害年金給付や遺族年金給付は，障害のある人や遺族の所得保障に大きな役割を果たしている。高齢期に関しては，平均寿命の伸長により，退職後等の高齢期が長期化し，早期に死亡しない限り高齢は多くの人に訪れる。高齢に対して，預貯金等の貯蓄をして事前に備えることが考えられるが，貯蓄のみで長期に及ぶ高齢期の生活費を確保することはほとんどの人にとっては不可能といえよう。仮に，一定程度の貯蓄があったとしても，激しいインフレ等が生じ

図表 4-1　年金制度の体系

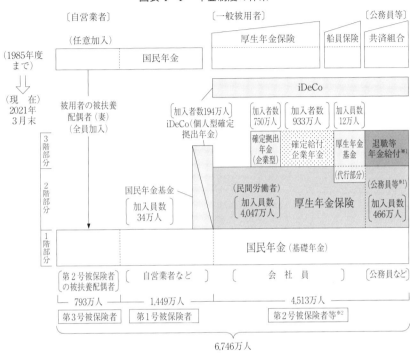

※1　被用者年金制度の一元化に伴い，2015年10月1日から公務員および私学教職員も厚生年金に加入。また，共済年金の職域加算部分は廃止され，新たに退職等年金給付が創設。ただし，2015年9月30日までの共済年金に加入していた期間分については，2015年10月以後においても，加入期間に応じた職域加算部分を支給。
※2　第2号被保険者等とは，厚生年金被保険者のことをいう（第2号被保険者のほか，65歳以上で老齢，または，退職を支給事由とする年金給付の受給権を有する者を含む）。
出所：厚生労働省年金局年金財政HPおよび『令和4年版厚生労働白書』資料編の図を一部加工。

れば預貯金等の価値が著しく低下し，高齢期の生活費の不足が生じる。その意味で，老齢年金給付は，高齢期において欠くことのできない存在になっている。

2　公的年金の特徴

公的年金の目的と特徴　公的年金は生存権保障を目的としている。国民年金は，「憲法第25条第2項に規定する理念に基き，老齢，障害又は死亡によって国民生活の安定がそこなわれることを国民の共同連帯によって防止し，もって健全な国民生活の維持及び向上に寄与すること」が目的である（国

60

年1条）。国民年金は，憲法25条2項（国の社会保障向上・増進義務）に基づく制度であり，憲法25条の解釈は，憲法25条1・2項一体説が憲法学上の通説であることから，憲法25条1項の生存権の具体化と考えられる。なお，この点については，学説上の対立がある。厚生年金の目的は，「労働者の老齢，障害又は死亡について保険給付を行い，労働者及びその遺族の生活の安定と福祉の向上に寄与すること」である（厚年1条）。社会保障制度審議会の1950年勧告，1962年勧告等において，厚生年金等の被用者年金は少なくとも最低生活を保障するものとされている。公的年金には，国の社会保障向上・増進義務のあらわれとして**国庫負担**がある。国庫負担は，国の義務的経費で裁量的経費である単なる補助金とは全く性格が異なるものである。障害基礎年金・遺族基礎年金，被保険者期間が300月に満たない場合の障害厚生年金・遺族厚生年金は，実際に納付した以上の保険料納付期間があったものとみなす給付額の底上げが行われる。生存権保障にふさわしく実質的価値を保つ**スライド制**が採用されている。

公的年金と私的年金　①加入に関して，私的年金は任意であるのに対して，生存権保障を理念とする公的年金はその対象者に保障を及ぼすために，本人の意思にかかわらず法律により加入を強制する**強制加入**が原則である。②私的年金の場合は，保険料はその対象とする保険事故の発生率＝危険度と保険金額に比例して定められるのが原則（**給付・反対給付均等の原則**）である。したがって，被保険者の年齢，職務内容，健康状態等が保険料額設定にあたって考慮され，病人・障害のある人は排除されがちである。公的年金は，個々の被保険者の危険度を無視した定額保険料制（国民年金），定率保険料制（厚生年金）を採用している。給付に関しても，公的年金は，定額制（国民年金），所得比例制（厚生年金）をとり，さらに給付の最低保障制，スライド制，障害給付・遺族給付にみられる受給要件としての被保険者期間の極端な短縮化などにより，拠出と給付の対価性を切断している（給付・反対給付均等の原則の破棄）。③私的年金においては，保険集団全体として保険金総額が保険料総額と釣り合っていなければならないとする「**収支相等の原則**」がとられている。公的年金では，全体として被保険者の拠出の総額を超える給付がなされるのが通常であり，被保険者以外に国・事業主（厚生年金）も，国庫負担・事業主の保険料

負担という形で費用を負担している（収支相等の原則の破棄）。④運営に関して，制度破綻がありうる私的年金とは異なり，公的年金は，国が生存権保障義務の一環として責任をもって行う制度であるので，制度の崩壊は起こりえない。⑤公的年金は終身年金が原則であるのに対して，私的年金は有期年金であることが多い。⑥公的年金には，老齢年金のほか，障害年金，遺族年金があるのに対して，私的年金は老齢年金のみであることが多い。

3　年金制度の沿革

公的年金制度前史　公的年金制度の創設に先立って，軍人・官吏に対する恩給制度，官庁の現業雇用人に対する共済組合が作られた。1875年の「陸軍武官傷痍扶助及ヒ死亡ノ者祭粢並ニ其家族扶助概則」，海軍退隠令，1884年の官吏恩給令等であり，これらの恩給制度は，1923年に恩給法に統合された。恩給制度は，公務の特殊性を考慮し，恩恵的・報奨的な性格をもつもので，現在の社会保障としての公的年金とは性格が異なっている。恩給制度の適用を受けられなかった官庁の現業雇用人に対しては職域ごとに共済組合が設立された。

　民間労働者を対象とした年金制度は，戦時下に作られた。危険度を増す海上輸送のための海上労働者確保を目的に，1939年に船員保険法が制定された。1941年には，①生産力拡充のための労働力の確保，②軍需に必要な巨額の国家資金の放出に起因する悪性インフレの阻止，③巨額の積立金の運用による戦費調達を意図して，陸上の肉体労働者を対象とした労働者年金保険法が定められた。太平洋戦争が激化するなか，1944年に「労働者」という文言を忌避して厚生年金保険法と改称され，対象を事務職員・女性にも拡大した。

憲法25条に基づく公的年金制度としての再編・創設　第二次世界大戦後，戦前に作られた年金制度は，憲法25条の生存権に基づく社会保障制度の一環として再編される。1948年に恩給法の適用のなかった官庁雇用人を対象とする国家公務員共済組合法が制定され，1958年には恩給と国家公務員共済の統合を目的に全面改正され，1959年から恩給法が廃止されて共済組合の年金に切り替えられた。民間労働者を対象とする厚生年金保険法は，1954年に全面改

正され，これまでの報酬比例の年金を支給する制度から，定額部分と報酬比例部分を支給する制度に改められた。定額部分の創設は，ベヴァリッジ報告とそれを具体化したイギリスの国民保険制度の影響を受けたもので，最低生活保障を意図しており，定額部分の水準は，生活保護の2級地における60歳以上の高齢者の保護基準に依拠した。

国民年金法制定と国民皆年金政策

生存権を具体化した「国民皆年金」の実現を目的とすると同時に，膨大な保険料の徴収とその積立金で財政投融資の原資を増やし，高度経済成長政策に寄与するという政策的な意図をもって，1959年に国民年金法が制定された。同法は，自営業者，農林漁業者等それまで既存の被用者年金制度の適用外の者を対象として拠出制の年金を設け，すでに高齢・障害・母子状態にある者に対する経過的な無拠出制の福祉年金と，拠出制年金によっても救済されない低所得者・無業者等に対する補完的な無拠出制の福祉年金を併設して，年金制度の早期成熟を図った。国民皆年金の趣旨は，単に全国民をいずれかの年金制度に加入させるだけでなく，すべての国民に年金による保障を与えることにある。国民年金法は，拠出能力の低い者こそ年金保障が必要であるという観点から，低所得者・無業者も被保険者とし，保険料の免除という他の年金制度にはない措置がとられた。拠出制老齢年金の給付額は，25年から40年間拠出して月額2000円から3500円とされた。2000円という額は，生活保護の4級地における60歳以上の高齢者の基準額を基準として，家族単位での家計内の共通費用分を控除した額である。3500円という水準は，高齢者の消費支出を基準に算定された額である。国民年金の水準は，生活保護基準・高齢者の消費支出を根拠とし，最低生活保障を強く意識していた。

基礎年金制度の導入と2階建て年金制度への再編

本格的な高齢社会の到来に備え，制度の長期的な安定と世代内・世代間の公平性の確保を理由に，1985年に抜本的な法改正がなされた。1985年4月の国民年金法および厚生年金保険法の改正，12月の国家公務員等共済組合法等の共済年金4法の改正によって，国民年金を，その適用を拡大し，全制度に共通する基礎年金を支給する制度としたうえで，厚生年金・共済年金を基礎年金に上乗せする報酬比例の年金を支給する制度に改める，いわゆる2階建ての年金制度に再編成され

た（1986年4月施行）。この改正で，初めて給付水準が引き下げられた。「女性の年金権」を確立するため，**第3号被保険者制度**が創設された。年金制度の基礎的部分を統合した基礎年金の導入により，これまであった厚生年金・共済年金の国庫負担は廃止され，国庫負担は基礎年金のみとなった。船員保険法の職務外年金部門は厚生年金に統合された。1985年の法改正は，3種7制度に分立していた年金制度の一元化に向けた年金の基礎的部分の統合に加え，本格的な老齢年金支給が目前に迫り，財政危機が迫っていた国民年金の救済と国庫負担削減という政策的意図があった。1989年の法改正では，完全自動物価スライド制，学生の国民年金への強制加入制が導入され，国民年金基金が創設された。1994年の法改正では，厚生年金の定額部分の65歳への段階的引上げ，可処分所得スライド制，ボーナスに対する特別保険料，育児休業中の厚生年金被保険者の保険料免除の導入がなされた。2000年の法改正では，年金制度の長期的な安定を図るという理由で，厚生年金の給付水準の5％引下げ，65歳以降の賃金スライドの廃止，厚生年金の報酬比例部分の65歳への段階的引上げ，総報酬制の導入が行われた。改善措置として，学生納付特例制度，育児期間中の厚生年金保険料の事業主分の免除，国民年金保険料の半額免除制度が導入された。

保険料水準固定方式とマクロ経済スライドの導入　2004年の法改正では，社会経済と調和した持続可能な公的年金制度の構築と公的年金制度に対する信頼性の確保を名目に，最終的な保険料水準を固定し，基礎年金の国庫負担率を2分の1に引き上げたうえで，この収入の範囲内で給付水準を調整する**保険料水準固定方式**と給付水準自動調整（**マクロ経済スライド**）が導入された。その他，65歳以降の老齢厚生年金の繰上げ制度，70歳以降の在職老齢年金制度，育児休業中の厚生年金被保険者の保険料免除期間の延長（子どもが3歳に達する期間まで），離婚時の厚生年金の年金分割，障害基礎年金と老齢厚生年金，障害基礎年金と遺族厚生年金との併給，国民年金保険料の多段階免除・若年者納付猶予制度等が導入された。

社会保障と税の一体改革に基づく改正　2012年には，社会保障と税の一体改革に基づく4つの年金法が制定された。①消費税率引上げによる基礎年金の国庫負担率2分の1の恒久化，短時間労働者への厚生年金の適用拡

64

大，老齢年金給付受給資格期間の25年以上から10年以上への短縮，産前産後休業期間中の厚生年金保険料免除，父子家庭への遺族基礎年金の支給を内容とする年金機能強化法，②公務員・私立学校教職員が加入する３つの共済年金を厚生年金に統合し，共済年金の３階部分（職域加算部分）を廃止する被用者年金一元化法，３階部分の廃止にともなう退職等年金給付（年金払い退職給付）の創設，③消費税引上げによる収入を財源として低所得の基礎年金受給者に一定額を給付する年金生活者支援給付法，④「特例水準（2000年度から2002年度）」解消を名目に，2013年10月から2015年４月にかけて３段階で年金額を2.5％削減

COLUMN　**学生障害無年金訴訟と特別障害給付金法の制定**

　　学生が国民年金の強制適用除外されていた1991年３月までに，20歳以上の学生であり，なおかつ国民年金に任意加入をしていない間の傷病等で重度障害をもつようになった原告30人が，障害基礎年金の不支給決定に対して，不支給決定の取消しと，国家賠償法に基づき障害基礎年金を受給できなかったことによる損害賠償を求めた訴訟が，2000年12月以降，札幌・盛岡・東京（身体障害の訴訟と精神障害の訴訟の２件）・新潟・京都・大阪・岡山・広島・福岡の計９地裁に集団で提起された。2004年，東京地裁・新潟地裁は，憲法14条違反を理由に，学生を国民年金に強制適用しなかったことに対する立法不作為の違憲性を認めて国家賠償請求を認容した。２つの違憲判決を受け，2004年12月に，救済立法として「特定障害者に対する特別障害給付金の支給に関する法律」（特別障害給付金法）が制定された。給付額は，障害基礎年金の６割にとどまるものの，対象は学生のみならず，被用者年金被保険者の被扶養配偶者にも及んでいる。違憲判決を受けて救済立法が制定されたのは，社会保障立法史上初の画期的なことである。2005年には，広島地裁で憲法14条違反の違憲判決が出され，国家賠償に加えて障害基礎年金不支給決定の取消しも容認された。最終的に，一審判決で勝訴確定した福岡の原告１人と東京身体の原告１人，地裁から最高裁まですべて勝訴した盛岡の原告１人，障害基礎年金の受給権があることが判明して訴えを取り下げた大阪の原告１人，計４人が障害基礎年金を受給できるようになった。それ以外の原告26人は最高裁で敗訴したものの，裁判により違憲判決を獲得することにより，救済立法を制定させ，裁判を起こしていない学生障害無年金者，被用者年金被保険者の障害無年金被扶養配偶者にも特別障害給付金が支給されることになったことは，裁判運動というソーシャルアクションがもたらした大きな成果といえる。

する法改正である。

4　保険者・実施機関と被保険者

保険者・実施機関　国民年金・厚生年金は政府が管掌している。つまり，政府（厚生労働省）が**保険者**＝実施主体である。2009年12月末までは，被保険者の適用，保険料の徴収，標準報酬の決定・改定，保険料記録の管理，年金給付の裁定等を社会保険庁が行っていた。しかし，約5000万件もの基礎年金に未統合の年金保険料納付記録，納付済保険料が保険料台帳に記載されていない問題（いわゆる「消えた年金」問題），個人情報の漏出の不祥事等を受け，社会保険庁は廃止され，2010年1月1日に公的年金業務と運営を図る組織として非公務員型の日本年金機構が発足し，政府は年金制度の財政責任・運営責任を担うことになった。なお，市区町村は，住民に身近な存在として，国民年金について，被保険者資格の取得・喪失に関する届出，基礎年金の裁定請求，保険料免除申請の受理等を行っている。国家公務員共済年金等の共済年金が2015年10月に厚生年金に統合されるまでは，国家公務員共済組合連合会等の共済組合が保険者であったが，厚生年金に統合後は，保険者は政府となり，これまでの国家公務員共済組合連合会等の共済組合は，標準報酬の決定・改定，保険料の徴収，年金給付の裁定等を行う**実施機関**となった。

被保険者　(1)　**国民年金**　国民年金の被保険者には，強制加入被保険者と任意加入被保険者がある。強制加入被保険者には，第1号から第3号被保険者という3種類の被保険者がある。①第1号被保険者は，20歳以上60歳未満の日本国内に住所がある第2号・第3号被保険者以外の者（自営業者，農林漁業者，20歳以上の学生，厚生年金に未適用の事業所に働く者等）である。②第2号被保険者は，厚生年金の被保険者である。③第3号被保険者は，第2号被保険者の配偶者（事実婚も含む）であって，主として第2号被保険者に生計を維持されている者である。年収130万円未満かつ第2号被保険者の年収の2分の1未満の者が第3号被保険者となる。年収が130万円未満であっても，短時間労働者（パートタイマー）として厚生年金の被保険者となる者は，第3号被保険者にはならない。

66

　①日本国内に住所がある20歳以上60歳未満の老齢厚生年金等の受給権者，②日本国内に住所がある60歳以上65歳未満の者，③外国在住の日本国籍を有する20歳以上65歳未満の者は，厚生労働大臣に申し出て，**任意加入被保険者**になることができる。1965年4月1日までに生まれた者で，老齢基礎年金等の受給権がない者は，70歳に達するまで任意加入することができる（**特例任意加入**）。特

COLUMN　**「特例水準」解消を理由とする年金減額と年金引下げ違憲訴訟**

　1999年から2001年にかけて物価が下落したが，政府は，2000年度から2002年度については，各前年度の年金額に据え置く物価スライド特例法を成立させ，物価スライドによる減額を行わなかった。ところが，2012年になって，政府は，年金額を据え置いた結果，法律が本来予定している水準よりも2.5％高くなっているとして，年金支給額を2013年10月，2014年4月にそれぞれ1％，2015年に0.5％減額することを定めた2012年改正法を制定し，厚生労働大臣は年金の減額を決定した。この年金減額決定に対して，2015年2月，鳥取県で24人の原告らが，さらに同年5月，13都府県で1549人の原告らが，年金減額を違憲とする訴訟を一斉に提起した。その後も提訴が続き，2019年4月3日時点で原告は44都道府県で5279人，39地裁に及び，2023年6月27日時点で6訴訟が4高裁，29訴訟が最高裁に継続している。この一連の訴訟は年金引下げ違憲訴訟と呼ばれている。

　年金引下げ違憲訴訟は，①2012年改正法が違憲であること，②厚生労働大臣の行った年金減額改定が裁量権を逸脱し，違法であることを理由に，厚生労働大臣の年金の減額決定処分の取消しを求めている。この訴訟は，社会保障の中心を担う公的年金の役割・法的性格を正面から問うものであり，とりわけ，国民皆年金体制の下で，年金の基底的制度である基礎年金が最低生活保障としての性格をもつかの判断が問われている。また，年金の実質的価値を維持するために導入された物価スライド制の意義，物価が下落したもの，社会保険料等の引上げにより，可処分所得が低下していた時期に，年金額を据え置くために制定された一連の物価スライド特例法の妥当性が年金の実質的価値の維持の観点から問われている。さらに，年金減額という制度後退措置の合理性の有無について，国の社会保障向上・増進義務を定めた憲法25条2項の観点から問題とされている。

　2023年6月27日時点において39訴訟で地裁判決，33訴訟で高裁判決が出され，いずれも，憲法25条について広範な立法裁量を容認し，経済的，社会的及び文化的権利に関する国際規約（国際人権A規約）9条について漸進的実現条項（2条1項）等を理由に原告の請求を棄却した。

例任意加入被保険者の資格は老齢年金等の受給権を取得したときに喪失する。

(2)　**厚生年金**　　厚生年金の被保険者には，第 1 号から第 4 号厚生年金被保険者がある。第 1 号は，第 2 号から第 4 号厚生年金被保険者以外の厚生年金の被保険者であり，被用者年金一元化法施行前の厚生年金の被保険者に該当する。第 2 号は，国家公務員共済組合の組合員たる厚生年金の被保険者である。第 3 号は，地方公務員共済組合の組合員たる厚生年金の被保険者である。第 4 号は，私立学校教職員共済制度の加入者たる厚生年金の被保険者である。短時間労働者は，501人以上の企業等で①週20時間以上，②月額 8 万8000円（年収106万円）以上，③勤務期間 1 年以上見込みで働く場合で，④学生でない場合は，厚生年金の被保険者となる。2017年 4 月からは500人以下の企業等に拡大された。2020年の法改正により，短時間労働者への適用拡大が行われ，2022年10月からは100人超の企業，2024年10月からは50人超の企業に拡大されることになった。

厚生年金の被保険者は同時に国民年金の第 2 号被保険者となり，2 つの制度に同時加入することになる。

第 1 号厚生年金被保険者は，一定の要件に該当する事業所または船舶（以上を「**適用事業所**」という）に使用される70歳未満の者である。20歳未満の者でも適用事業所に使用される場合は被保険者となる。①常時 5 人以上の従業員を雇用する事業所，②常時従業員を雇用する法人事業所は**強制適用事業所**となる。また，強制適用を受けない事業所で，事業主の申請により厚生労働大臣の認可を受けた場合には，**任意包括適用事業所**となる。適用事業所以外の事業所に使用される70歳未満の者は，厚生労働大臣の認可を受けて被保険者（**任意単独被保険者**）となることができるが，この場合は，事業主の同意を得なければならない。70歳以上の者は厚生年金に適用されないが，適用事業所に使用される70歳以上の者で老齢厚生年金・老齢基礎年金の受給権がない者は，実施機関に申し出て，厚生年金の被保険者になることができる（**高齢任意加入被保険者**）。

68

5 年 金 財 政

社会保険方式と
社会手当方式（税方式）　年金の保障方式には，**社会保険方式**と**社会手当方式**（税方式）がある。

　社会保険は，保険技術を利用した方式により生存権を保障するための制度で，一定の保険料拠出を受給要件とし，一定の保険事故の発生に基づき，年金を支給する制度であり，拠出制年金ともいう。財源は，被保険者の拠出した保険料を中心とし，それに国庫負担が加わる場合が少なくない。1985年の法改正前の国民年金法上の拠出制年金，1985年の法改正後の20歳前の障害基礎年金を除く基礎年金，被用者年金法による年金である。

　社会手当は，公的扶助と同じく事前の拠出を受給要件としないが，社会保険と同様に資力調査なしで年金を支給する制度で，無拠出制年金ともいう。主な財源は国庫負担金である。1985年の法改正前の国民年金法による老齢福祉年金等の福祉年金，1985年の法改正により導入された**20歳前の障害基礎年金**が該当する。なお，老齢福祉年金を除く福祉年金は，基礎年金の導入にともない1986年4月から障害基礎年金，遺族基礎年金に変更（裁定替え）されている。いずれの年金給付にも所得制限が課されている。公的年金に社会手当方式を採用する国は，デンマーク，ニュージーランド，オーストラリア，カナダがあり，ニュージーランド以外の国の年金には所得制限または資産制限がある。

　近年，基礎年金の抜本的改革にあたって，社会保険方式を維持するのか，基礎年金の財源を全額税方式に移行させるのかが，議論になっている。社会保険方式であっても基礎年金には2分の1に国庫負担（税金）があるので，ここでいう税方式とは，年金財源のすべてが租税で賄われている場合であり，社会手当方式のことである。

　社会保険方式，社会手当方式には，それぞれメリットとデメリットがあり，一方のメリットが他方のデメリットになる場合が多い。

　社会保険方式のメリットは，①保険料を主たる財源とすることから所得制限なしに支給できる，②保険料拠出に比例した年金（拠出比例定額年金や所得比例年金）を支給できることである。デメリットは，①未加入や保険料未納が生じる，②その結果，無年金・低年金が発生する，③長期に及ぶ保険料納付記録等

の管理にミスが生じやすい，④保険料徴収事務費が多額に及ぶことなどである。

　社会手当方式のメリットは，①未加入や保険料未納問題を解決できる，②その結果，無年金・低年金を防止でき，実質的な皆年金を実現できる，③保険料の徴収事務が不要になるので事務経費を軽減できる点である。デメリットは，①財源が租税であるため，定額年金となり，所得比例年金を支給することができない，②財源を十分に確保できない場合には所得制限が課せられる，③少子高齢化が進行するなかで，莫大な年金財源をどのように確保するかが大きな課題となり，将来の世代ほど負担が重くなる，④これまで社会保険料を支払ってきた被保険者への対応＝経過措置への対応が難しいといった点である。

積立方式と賦課方式　社会保険方式による公的年金の財政方式には，大別すると積立方式と賦課方式がある。

　積立方式は，将来の年金給付に必要となる原資を，保険料により積み立てていく財政方式である。この場合，将来にわたって大きく水準の変わらない保険料である平準保険料が設定される。以上を完全積立方式という。当初は給付費よりも保険料収入が大きいため積立金が形成されるが，制度が成熟するとともに給付費が増大し，給付費が保険料収入を上回る時点以降になると，積立金の利息収入・運用収益を含めた収入で支出をまかなうようになる。積立方式には，完全積立方式以外に，修正積立方式がある。修正積立方式は，平準保険料方式によらず，給付費に必要な保険料を平準保険料よりも低く設定し，それを段階的に引き上げていく段階保険料を設定して運営する方法である。積立方式は，拠出された保険料とその積立金の運用収益により決まるため，少子高齢化の進行等による人口構造の変動を受けにくいという長所がある反面，想定を超えたインフレや賃金変動があった場合には，年金の実質的価値を維持できないという短所がある。

　賦課方式は，一定の短い期間（多くの場合1年間）のうちに支払うべき給付費を，その期間内の保険料の収入によってまかなう財政方式である。この方式では，収入源として利息収入を考えないから，積立金を全く保有しないか，保有しても危険準備金的な役割しか果たさない程度の金額である。以上を完全賦課方式という。近年，一定程度の積立金を有する場合で，収支が均衡している場

合を修正賦課方式と呼ぶようになった（ただし，修正積立方式との違いが曖昧である）。賦課方式は，保険料を納める被保険者である現役世代と年金を受給する高齢者世代という図式になるため，世代間扶養ともいわれる。保険料は，基本的には被保険者と年金受給者の比率で決まるため，人口変動の影響を受けやすいというデメリットがある反面，積立金を基本的には持たないため，インフレに影響されにくく，年金の実質的価値を維持しやすく，賃金上昇率が利子率を上回る場合には，積立方式に比べて保険料率が低くすむというメリットがある。

　日本の公的年金制度は，平準保険料による完全積立方式でスタートした。厚生年金は1954年の法改正により，国民年金は1966年の第1回財政再計算にともなう法改正により，段階保険料方式を採用し，修正積立方式に移行した。1985年の法改正による基礎年金の導入により，基礎年金の財政運営は，考え方の上では単年度賦課方式となったものの，段階保険料方式を採用し，多額の積立金を有し，毎年積立金を増やす財政運営がされていたので，実質的には修正積立方式としての財政運営であった。ただし，2002年度から2008年度まで収支が均衡もしくは支出が超過するときがあり，修正賦課方式ともいえる状態だった。厚生年金は，修正積立方式として運用されていたが，2001年度から2012年度までは収支が均衡もしくは支出が上回る状況になり，収支のみをみると修正賦課方式ともいえる状態だった。1985年の法改正以降，政府は，年金の財政方式は世代間扶養である賦課方式であると強調するようになった。しかしながら，前年度末積立金の総合費用（実質的な支出のうち自前で財源を賄わなければならない費用）に対する比率を示す積立比率をみると，2021年度末時点で厚生年金が6.0，国民年金が8.1となっている（社会保障審議会年金数理部会「公的年金財政状況報告—令和3（2021）年度—」）ことから，厚生年金・国民年金の財政方式は修正積立方式と評価しうる。厚生年金の6.0，国民年金の8.1という積立比率は，保険料を徴収しなくとも，それぞれ6.0年間，8.1年間，年金給付を支給しうる水準である。2004年の法改正により，保険料水準固定方式を採用し，その負担の範囲内で給付を行うためにマクロ経済スライドを導入したうえで，将来に向けて積立金水準を抑制していくことを基本とし，100年程度の**財政均衡期間**において給付と負担の均衡を図り，財政均衡期間の最終年度における積立金水準を支

払準備金程度（給付費の1年分程度）とする**有限均衡方式**が導入された。財政均衡期間の最終年度において完全賦課方式に移行することになった。保険料水準固定方式は，保険料水準の引上げをあらかじめ想定して財政運営を行うことから，段階保険料方式の1つともいえる。

2　年金制度のしくみと現状

1　国 民 年 金

老齢基礎年金

　(1)　**支給要件**　　老齢基礎年金は，原則として10年以上の受給資格期間を満たした者が65歳に達した時に支給が開始される（2017年8月までは25年以上）。受給資格期間には，①保険料納付済期間，②保険料免除期間，③合算対象期間が含まれる。合算対象期間とは，資格期間の計算には算入されるが年金額には反映されない期間であり，「カラ期間」とも呼ばれている。合算対象期間には，①1986年3月以前の強制適用除外期間に被用者年金被保険者の被扶養配偶者が任意加入しなかった期間，②1991年3月以前の強制適用除外期間に学生が任意加入しなかった期間，③1961年4月以降の日本国籍を有する者の外国在住期間等が含まれる。

　支給開始年齢は原則65歳である。本人が選択する場合は，60歳から64歳までの間で**繰上げ支給**が，また，66歳から**繰下げ支給**ができる。繰上げ支給の場合，年金額は年齢に応じて減額され（1か月繰上げで0.5％減額），繰下げ支給の場合は逆に年齢に応じて増額される（1か月繰下げで0.7％増額。60か月が限度）。2020年の法改正により。2022年4月から，繰下げ支給の上限年齢が75歳に引き上げられ（従来どおり1か月あたり0.7％の増額），繰上げ支給の減額は1か月あたり0.4％の減額となる。

　(2)　**年金額**　　老齢基礎年金の額は，40年間の加入期間にすべて保険料を納付した場合の満額で79万5000円（月額6万6250円，2023年度）である。保険料未納期間や免除期間があれば，その期間に応じて減額される。年金額は，保険料納付済期間の月数と，どの種類の免除が何月あったかによって算定される。

満額老齢基礎年金額 × ｛(保険料納付済月数) + (保険料免除月数 × x)｝÷ 480か月

＊ x：2009年3月以前の全額免除月は2/6，4分の3免除月数は3/6，半額免除月数は4/6，4分の1免除月数は5/6，2009年4月以後の全額免除月は4/8，4分の3免除月数は5/8，半額免除月数は6/8，4分の1免除月数は7/8

障害基礎年金

（1）支給要件　障害基礎年金は，障害の程度により1級と2級（1級が最重度）があり，次の3つの要件をすべて満たした者に支給される。①傷病の初診日に，国民年金の被保険者であるか，または，被保険者であった60歳以上65歳未満の者，②障害の原因になった傷病の初診日のある月の前々月までに，保険料納付済・免除期間が全被保険者期間の3分の2以上あるか，初診日のある月の前々月までの1年間が保険料納付済期間で満たされていること，③障害認定日に障害等級表の1級または2級に該当することである。障害認定日とは，障害の程度を定める日のことであり，初診日から1年6か月を経過した日，または，その期限内に治った（病状が固定した）日である。

　初診日に所定の障害等級に該当しなくても，その後の症状の悪化により，障害等級に該当した場合には，**事後重症による障害基礎年金**が支給される。

　20歳未満で障害をもち，初診日に20歳未満であった者も，20歳になったとき（障害認定日が20歳以後のときはその日）に，障害等級表の1級または2級に該当すれば，障害基礎年金が支給される（20歳前の障害基礎年金）。前年の所得が一定額を超える場合は，2分の1または全額が支給停止となる。この20歳前の障害基礎年金は，保険料拠出をともなわない社会手当としての年金である。

　（2）年金額　障害基礎年金は，被保険者期間にかかわらず定額で，1級は99万3750円（月額8万2812円，2級の1.25倍），2級は79万5000円（月額6万6250円，満額の老齢基礎年金と同額）である（2023年度）。一定の要件を満たす子どもがいる場合は，**子の加算**が支給される。

遺族基礎年金

　（1）支給要件　遺族基礎年金は，①国民年金の被保険者，②被保険者であった者で日本国内に住所がある60歳以上65歳未満の者，③老齢基礎年金の受給権者，④保険料納付済・免除期間が25年以上である者のいずれかに該当する者が死亡したときに，遺族（子どものある妻，子どものある夫，子ども）に支給される。①，②の場合は，死亡月の前々

月までの保険料納付要件として，障害基礎年金と同じ要件が必要である。ただし，第 3 号被保険者が死亡した場合には，遺族基礎年金は支給されない。

　(2)　**受給権者**　　遺族基礎年金を受給できるのは，死亡した者により生計を維持されてきた①死亡した者の妻または夫で，次の②に該当する子どもと生計を同一にしていた者，②死亡した者の子どもで，18歳到達年度の末日までの子ども，または 1 級・2 級の障害の状態にある20歳未満の子どもである。子どもは婚姻していない者に限られる。将来にわたって年収が850万円以上と認められる者は，生計を維持されてきたとは認められず，受給権者とはならない。

　②の子どもについては，死亡した者の妻または夫が遺族基礎年金を受給しているとき，または生計を同じくする父または母がいるときは支給停止となる。

　(3)　**年金額**　　遺族基礎年金の額は，基本額（79万5000円で老齢基礎年金の満額と同額〔月額 6 万6250円〕，2023年度）に子どもの数に応じた加算額（子の加算）を加えたものである。

独自給付　　国民年金には，第 1 号被保険者を対象とする独自給付として，寡婦年金，死亡一時金，付加年金がある。

　寡婦年金は，第 1 号被保険者として老齢基礎年金の受給資格期間10年を満たしている夫が死亡した場合に，10年以上継続して婚姻関係にあり，生計を維持されていた妻に対して60歳から65歳になるまでの間支給される。年金額は，夫の第 1 号被保険者期間だけで計算した老齢基礎年金額の 4 分の 3 相当額である。

　死亡一時金は，保険料納付済期間が36月以上ある第 1 号被保険者が，老齢基礎年金・障害基礎年金を受給しないまま死亡し，その遺族も遺族基礎年金を受給できない場合に支給される。

　付加年金は，第 1 号被保険者・65歳未満の任意加入被保険者が通常の保険料に加えて付加保険料（月額400円）を支払った場合に，老齢基礎年金に上乗せされて支給される。付加年金の年金額は，200円×付加保険料納付月数であるが，物価スライドは行われない。

費用負担　　(1)　**保険料**　　第 1 号被保険者の保険料は，定額制であり，2017年度において月額 1 万6490円になり，上限に達して固定された。固定された保険料は，以後，名目賃金の変動に応じて毎年度改定され

る。2016年の法改正による第1号被保険者の産前産後期間の保険料免除の導入（2019年4月施行）により，その財源として，第1号被保険者の保険料を月額100円程度引き上げることとなった。2023年度の保険料は，月額1万6520円である。なお，保険料は，世帯主が世帯員の保険料を連帯して納付する義務がある。第2号・第3号被保険者の場合は，厚生年金の保険者が第2号・第3号被保険者の基礎年金分の保険料をまとめて基礎年金勘定へ拠出する（基礎年金拠出金）。第3号被保険者自身は保険料を負担しない。

　(2)　**保険料の追納**　過去10年間に保険料免除期間，納付猶予期間がある者が，所定の加算金を加えて保険料を後から支払うことができる**追納制度**がある。なお，直近2年間分についての追納には加算金がかからない。

　(3)　**保険料免除**　第1号被保険者には，保険料免除制度として，**法定免除**と**申請免除**がある。

　法定免除は，2級以上の障害基礎年金，障害厚生年金等の受給権者，生活扶助受給者等に該当する場合であり，保険料の全額が免除される。

　申請免除には，全額免除，4分の3免除，半額免除，4分の1免除がある。本人・世帯主・配偶者全員の前年所得が一定額以下の場合，生活保護法の生活扶助以外の扶助を受ける場合，地方税法に定める「障害者」・寡婦（2020年の法改正により2021年4月1日から未婚のひとり親等も対象）であって所得が一定額以下の場合に，申請して厚生労働大臣の承認を受けると保険料が免除される。

　また，申請免除には，①天災（震災・風水害・火災等）により財産に被害を受けた場合の特例免除，②失業・退職等による特例免除（前年度所得を0として審査），③配偶者から暴力（DV）を受けた場合の特例免除（加害配偶者と住所が異なる場合，本人の所得のみで審査）があり，④2020〜2023年の各年度には新型コロナウイルス感染症の影響による減収を事由とする臨時特例免除（簡易な所得見込額で審査）があった。

　免除を受けた場合は，障害基礎年金，遺族基礎年金は全額支給されるが，老齢基礎年金については，免除期間分の年金額が減額される。ただし，10年以内に保険料を追納することができ，追納した場合は，その期間，満額の老齢基礎年金額が保障される。

　その他，第1号被保険者の産前産後期間（出産予定日の前月から4か月間）の保険料免除制度がある（2019年4月施行）。保険料を免除された産前産後期間は，他の保険料免除制度とは異なり，満額の老齢基礎年金が保障される。

　(4)　**保険料猶予制度**　　保険料を猶予する制度には，**学生納付特例制度**と50歳未満（2016年6月までは30歳未満）の者に対する**保険料納付猶予制度**がある。これらの猶予を受けた場合，猶予期間は，老齢基礎年金の受給資格期間に算入されるが，老齢基礎年金の年金額には反映されない（合算対象期間）。猶予期間中に生じた障害，死亡については障害基礎年金，遺族基礎年金が支給される。

　(5)　**国庫負担**　　事務費の全額，基礎年金に要する費用（給付費）の2分の1が国庫負担である。その他，保険料免除期間の給付，20歳前の障害基礎年金，付加年金に対する特別国庫負担がある。

2　厚生年金

老齢厚生年金

　(1)　**支給要件**　　厚生年金の被保険者期間が1か月以上あり，老齢基礎年金の受給資格期間（原則10年以上）を満たしている者が，65歳に達した場合に，老齢基礎年金に上乗せして老齢厚生年金が支給される。60歳までの繰上げと70歳までの繰下げも可能である。2020年の法改正により，2022年4月から繰下げ支給の上限年齢が75歳に引き上げられる。繰上げによる減額率・繰下げによる増額率は老齢基礎年金と同じである。

　(2)　**特別支給の老齢厚生年金**　　1985年の法改正において法律の本則で老齢厚生年金の支給開始年齢が60歳から65歳に引き上げられたが，改正法附則の規定により，60歳から65歳になるまでの間，**特別支給の老齢厚生年金**（定額部分と報酬比例部分）が経過措置として支給されることになった。

　1994年の法改正により，特別支給の老齢厚生年金の定額部分は，男性は2001年度，女性は2006年度から3年ごとに1歳ずつ60歳から65歳に段階的に引き上げられ，男性は2013年度に，女性は2018年度に定額部分が廃止された。2000年の法改正により，報酬比例部分は，男性は2013年度，女性は2018年度から3年ごとに1歳ずつ60歳から65歳に段階的に引き上げられている。男性は2025年度，女性は2030年度から，報酬比例部分の支給はなくなる。

(3) **年金額**　老齢厚生年金の報酬比例の年金額は，平均標準報酬月額（報酬・賞与）と被保険者期間に比例したものである。計算式は，次の式で示され，加入期間がa, bにまたがるときは，双方の額を合計したものが年金額になる。

　a．総報酬制導入前：平均標準報酬月額×(7.125/1000)＊×被保険者期間の月数
　b．総報酬制導入後：平均標準報酬額×(5.481/1000)＊×被保険者期間の月数
　　＊1946年4月2日以降生まれの場合の給付乗率。生年月日により異なる。

　平均標準報酬額とは，加入期間中の標準報酬（標準報酬月額および標準賞与額）を平均して算出したものである。その際，年金の実質的価値を維持するために，過去の報酬をその後の手取り賃金の上昇に応じて，現在の水準に読みかえる再評価を行う。また，被保険者期間が20年以上ある被保険者に生計を維持されてきた65歳未満の配偶者，18歳に達した年度末までの子どもまたは障害の程度が1〜2級の子どもがいる場合は，**加給年金額**が加算される。

(4) **年金の分割**　離婚時の年金分割の制度は2種類ある。1つは，夫婦ともに厚生年金の被保険者である場合に，婚姻期間中に夫婦の保険料納付記録を分割できる**合意分割**であり，夫婦の同意または裁判所の決定等により，2分の1を限度に分割することができる。もう1つは，夫婦の一方が第3号被保険者である場合に，配偶者の厚生年金（標準報酬部分）の2分の1を自動的に分割できる**第3号分割**である。この場合は，配偶者の合意や裁判所の決定等は不要である。分割の請求は，離婚等に該当した日の翌日から2年を経過すると請求ができなくなる。

(5) **在職老齢年金**　60歳以上の老齢厚生年金受給者が就労して一定以上の報酬を得た場合に，老齢厚生年金を一部または全部を支給停止にする**在職老齢年金**がある。在職老齢年金には，2022年度までは60歳台前半と65歳以降の2種類があったが，2023年度からは1種類になった。年金額は，①基本月額と総報酬月額相当額の合計が48万円（2023年度）以下の場合は全額支給されるが，②合計額が48万円を超える場合は，以下の計算式の金額となる。

基本月額＊1−(基本月額＋総報酬月額相当額＊2−48万円)÷2
　＊1：加給年金額を除いた老齢厚生（退職共済）年金（報酬比例部分）の月額
　＊2：(その月の標準報酬月額)＋(その月以前1年間の標準賞与額の合計)÷12

　なお，在職老齢年金は，老齢厚生年金を受給している場合に年金額を調整する制度であるため，老齢基礎年金は支給される。70歳以上の者については，保険料は徴収されない。

| 障害厚生年金・障害手当金 |

(1) 支給要件　厚生年金の被保険者期間中に初診日がある傷病のため，障害認定日に，障害等級表の1級，2級に該当する障害の状態になった場合には，障害基礎年金（1級，2級）に上乗せして，障害厚生年金（1級，2級）が支給される。障害等級表の1級，2級に該当しない程度の障害で，障害等級表の3級に該当する障害の状態になった場合は，厚生年金独自の障害厚生年金（3級）が支給される。また，傷病が5年以内に治り，3級より軽い程度の障害がある場合は，独自の障害手当金が支給される。障害厚生年金の保険料納付要件，障害認定日などは，障害基礎年金の場合と同じである。

(2) 年金額　障害厚生年金の年金額は，1級が報酬比例の年金額（老齢厚生年金と同じ計算式〔上記a, b〕）の1.25倍，2級と3級が報酬比例の年金額と同額である。ただし，被保険者期間が25年に満たない場合は25年とみなして計算する。1級と2級で，65歳未満の配偶者がいる場合は加給年金額が加算される。3級の場合は，障害基礎年金がないため，最低保障額が設定されており，67歳以下の場合，年額59万6300円である（2023年度）。障害手当金の額は，報酬比例の年金額の2倍で，最低保障額が設定されており（67歳以下の場合，119万2600円，2023年度），これは3級の障害厚生年金の最低保障額の2倍である。

| 遺族厚生年金 |

(1) 支給要件　遺族厚生年金は，①厚生年金の被保険者の死亡，②被保険者期間に初診日がある傷病による5年以内での被保険者であった者の死亡，③1級・2級の障害厚生年金の受給権者の死亡，④保険料納付済・免除期間が25年以上ある老齢厚生年金の受給権者・受給資格者の死亡のいずれかの場合に，遺族に支給される。①，②の場合は，遺族基礎年金と同じ保険料納付要件を満たしていることが必要である。

(2) 受給権者　遺族厚生年金が支給される遺族の範囲は，死亡した者により生計を維持されていた者で，遺族基礎年金の支給対象となる遺族（①死亡し

た者の子どものある妻、②死亡した者の子ども〔妻と子どもの要件は遺族基礎年金と同じ〕）に加え、③子どものない妻、④夫・父母・祖父母（いずれも55歳以上）、⑤孫（遺族基礎年金の子どもと同じ要件）である。子どものいる配偶者または子どもには、遺族厚生年金と遺族基礎年金が支給される。遺族厚生年金を受給する遺族の順位は、①配偶者と子ども、②父母、③孫、④祖父母の順となる。順位の上の者が受給した場合は、より下位の順位の者は受給できない。2007年度以降、30歳未満の子どものいない妻に対する遺族厚生年金は、5年間の有期給付となった。

(3) **年金額**　遺族厚生年金の額は、報酬比例の年金額（厚生老齢年金と同じ計算式）の4分の3である。また、夫の死亡時に40歳以上で子どものない妻には65歳に達するまで中高齢寡婦加算（59万6300円、2023年度）が支給される。

費用負担　厚生年金の保険料は定率制で、第1号厚生年金被保険者については2017年9月に18.3％に固定された。第2号・第3号厚生年金被保険者は2018年に、第4号厚生年金被保険者は2027年に18.3％に統一されることになっている。厚生年金の保険料は、被保険者の毎月の給与（**標準報酬月額**）と賞与（**標準賞与額**）に共通の保険料率（18.3％等）をかけて計算され、事業主と被保険者とが半分ずつ負担する（労使折半）。2023年度現在の標準報酬月額は、1等級（8万8000円）から32等級（65万円）までの32等級に分かれている。徴収された厚生年金の保険料に基礎年金分の保険料が含まれているので、厚生年金の被保険者は国民年金保険料を独自に負担しない。被保険者の保険料は、給与から天引き（源泉控除）される。

産前6週間（多胎妊娠の場合14週間）・産後8週間の休業期間中および育児・介護休業法による満3歳未満の子どもを養育するための育児休業期間中の保険料については、被保険者・事業主とも免除される。その際、休業取得直前の標準報酬月額で保険料納付が行われたとされ、子どもが3歳に達するまでに勤務時間短縮等により標準報酬月額が低下した場合は、子どもの養育開始前の標準報酬月額で年金額が算定される。

3　併給調整

　同一人が複数の年金受給権を取得した場合に，原則として，受給権者が選択する 1 年金のみを支給する併給調整が行われる（1 人 1 年金の原則）。高齢・障害・死亡のいずれの保険事故も稼得能力の喪失・減退をもたらすが，その程度が比例的に加重されるものではないというのが併給調整の根拠である。支給事由が異なる基礎年金相互・厚生年金相互（老齢と障害，障害と遺族，老齢と遺族），基礎年金と厚生年金が受給できる場合（老齢基礎年金と障害厚生年金，遺族基礎年金と障害厚生年金または老齢厚生年金）は，原則として 1 年金支給になる。基礎年金と 2 階部分の厚生年金との関係では，支給事由を同一とするものが一体として支給される（老齢基礎年金と老齢厚生年金，障害基礎年金と障害厚生年金，遺族基礎年金と遺族厚生年金）。ただし，併給される例も少なくない。①異なる障害事由が複数発生した場合に前後の障害を併合した程度による障害給付を支給する併給，②老齢基礎年金と遺族厚生年金との併給，③老齢厚生年金と遺族厚生年金との一部併給（遺族厚生年金が老齢厚生年金よりも高額の場合は，その差額を老齢厚生年金と併給する），④障害基礎年金と老齢厚生年金，障害基礎年金と遺族厚生年金の併給である。2020年の法改正により，障害基礎年金受給者に児童扶養手当額と障害基礎年金の子の加算部分との差額を支給する形で障害基礎年金と児童扶養手当が一部併給されるようになった（2021年 3 月施行）。

4　スライド制

物価スライド制　年金の実質的価値を保つため，1973年の法改正により，消費者物価指数に 5 ％を超える変動があったときに年金額を改定する物価スライド制が導入され，1989年法改正により，完全自動物価スライド制となった。

賃金スライド制　1973年に，厚生年金の算定基礎となる標準報酬額を再評価する賃金スライド制が導入された。2000年の法改正により，賃金スライドは新規裁定の年金のみが対象となり，受給中の年金（既裁定年金）に対する賃金スライドは廃止され，物価スライド制による改定となった。2004年の法改正により，年金額の改定方式が，67歳到達年度までの新規裁

図表 4-2　年金額の改定（スライド）のルール

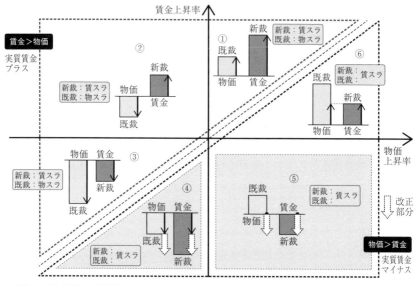

出所：日本年金機構 HP「年金額の改定ルールの見直し（令和 3 年 4 月〜）」。

定年金は原則として名目手取り賃金の変動率を，68歳到達年度以降の既裁定年金は物価上昇率を基準として改定されることに変更され，さらにこれにマクロ経済スライドによる調整が加わることになった。2016年の法改正により，2021年 4 月 1 日から，賃金変動が物価変動を下回る場合には，賃金変動に合わせて年金額が改定されるようになった（**図表 4-2**）。

マクロ経済　スライド制　マクロ経済スライド制とは，保険料を負担する被保険者数の減少と年金給付費の増加につながる平均余命の延びを，毎年度の年金額の改定率から減じるしくみである。たとえば，物価が 2 ％上昇しても，被保険者の減少が0.6％，平均余命の延びが0.3％であれば，年金額は1.1％の引上げにとどまる。このように，マクロ経済スライドにより，年金の給付水準は実質的に引き下げられることになる。そのため，モデル年金の所得代替率が50％になった時点でマクロ経済スライドによる調整を終結することになっている。手取り賃金や物価の伸びがマイナスとなる場合にはマクロ経済スライドは行われない。また，手取り賃金や物価の伸びがマイナスとなる場合を除

き，マクロ経済スライドによる調整後の年金額が前年度の名目年金額を下回ってはならない（名目下限措置）。マクロ経済スライドは，2015年度に初めて発動した。2016年の法改正により，2018年 4 月 1 日以降，名目下限措置によってマクロ経済スライドが行われない分を翌年度以降に持ち越し（キャリーオーバー），名目下限額を維持しつつ，その持ち越し分を含めてマクロ経済スライドを行う**キャリーオーバー制度**が導入されている。

5　年金積立金の運用

　年金給付・財政にとって，積立金によって得られる運用収入は重要である。2021年度末における時価ベースの積立金は，厚生年金で230.6兆円，国民年金で15.6兆円（国民年金勘定10.6兆円，基礎年金勘定5.0兆円），公的年金制度全体で246.1兆円という莫大な額である（前掲「公的年金財政状況報告—令和 3 （2021）年度—」）。2004年に制定された年金積立金管理運用独立行政法人法（GPIF 法）により，2006年 4 月から GPIF が国民年金・厚生年金の積立金の運用を行っている。これらの積立金は，被保険者から徴収された保険料を原資とし，将来の給付の貴重な財源となっているので，政府の経済政策のために運用されるのではなく，慎重かつ細心の注意を払い，長期的に安全かつ効率的に運用される必要がある。

6　企業年金等

厚生年金基金　厚生年金基金は，労働組合の反対を受けたものの，使用者団体の意向を受け，1966年の法改正により創設された。厚生年金基金は，老齢厚生年金の一部を国に代わって運営して給付を行い（代行部分），また，各基金独自の上乗せ給付（プラスアルファ部分。この部分が企業年金である）を行うことを主な目的としている。1997年には基金数は1888とピークに達したが，バブル経済崩壊以降の資金運用環境の悪化と企業会計基準の変更等を理由に，大企業を設立母体とする単独・連合型の厚生年金基金を中心として，代行部分を国に返上する代行返上が急速に進み，2002年に設立された**確定給付企業年金（DB）**に移行していった。2013年の法改正により，厚生年金基

金は原則として施行日である2014年度から10年以内に解散か他制度に移行することとされた。

確定給付企業年金

確定給付企業年金（DB）は，2001年の確定給付企業年金法に基づく企業年金で，年金受給権を保護するため，将来にわたって約束した給付ができるよう積立義務や事業主などの管理・運営の責任を明確にし，また，事業主などに情報開示の義務を課している。規約型（労使が合意した年金規約に基づき企業が外部機関と契約して運営する型）と基金型（企業とは独立した法人格をもつ基金を設立して管理運用する型）がある。確定給付企業年金法は，厚生年金基金について，確定給付企業年金（規約型，基金型）への移行とそれにともなう代行部分の国への返上を認めた。

確定拠出年金

確定拠出年金（DC）は，2001年の確定拠出年金法に基づく企業年金で，拠出した掛金とその運用収益との合計額をもとに給付が決定される。つまり，定期的に拠出する掛金額は決まっているが，将来受け取る年金額は確定していない。掛金が個人ごとに区分され，加入者自らが資産運用の指示を行う企業型年金（全従業員を加入者とし事業主が掛金を拠出。銀行などに管理運営を委託）と個人型年金（企業年金がない企業の従業員，自営業者などが個人単位で加入し掛金を拠出。国民年金基金連合会が管理運営）がある。積立金の運用リスクを個人で負うという大きなデメリットがある。他方で確定拠出年金の導入により，転職時の年金資産の移管が容易になり，また，企業年金がない中小企業の被用者や自営業者が個人で加入することが可能になった。

　2016年の法改正により，①事務負担等により企業年金の実施が困難な中小企業（従業員100人以下）を対象として設立手続等を大幅に緩和した「簡易型 DC 制度（iDeCo+）」の創設，②中小企業（従業員100人以下）に限り，個人型 DC に加入する従業員の拠出に追加して事業主拠出を可能とする「個人型 DC への小規模事業主掛金納付制度」の創設，③個人型 DC（iDeCo）について，第3号被保険者や企業年金加入者（企業型 DC 加入者については規約に定めた場合のみ），公務員等共済加入者も加入可能とする加入範囲の拡大（2017年1月1日施行），④DC から DB 等へ年金資産の持ち運び（ポータビリティ）の拡充等がなされた。

2020年の法改正により，①企業型 DC・個人型 DC（iDeCo）の加入可能年齢の引上げおよび受給開始時期の選択肢の拡大，②中小企業向けの簡易型 DC・iDeCo＋の対象範囲の拡大がなされた。

国民年金基金　国民年金基金は，1989年の法改正により，自営業者等のための基礎年金への上乗せ制度として1991年 4 月に発足した。国民年金基金には，地域型（全国を地区とする全国国民年金基金）と同種の事業・業務に従事する3000人以上の者で組織される職能型がある。国民年金基金への加入は任意であるが，加入後は自己都合で自由に脱退することはできない。

3　公的年金制度の課題

1　国民年金の未納・未加入問題——国民皆年金の空洞化問題

国民年金は強制加入制をとっているものの，第 1 号被保険者については，自ら加入手続を行い，自ら保険料を納付するなどの手続をとらなければならない。そのため，制度未加入は無年金を，保険料未納は無年金・低年金を発生させる。また，手続を行い，保険料の免除・猶予が認められた場合でも，保険料を追納しない限りは，その期間の老齢基礎年金は減額されるので低年金となる。国民年金の「空洞化」と呼ばれる問題である。

厚生労働省「令和元年公的年金加入状況等調査結果の概要」によると，届出を行っておらず，過去一度も公的年金制度に加入したことがない者で，届出を行えば第 1 号被保険者になる第 1 号未加入者は，減少しているものの，2019年10月末において8.8万人いる。

国民年金保険料は2019年度で月額 1 万6410円にも及ぶこともあって，保険料未納者が増大している。厚生労働省「令和 2 年国民年金被保険者実態調査結果の概要」によると，2019年度末において，2015年度および2016年度の保険料をすべて納付した完納者は492.2万人と全体の39.7％にすぎず，一部納付者9.1％を加えても半数に満たない。2018年度および2019年度の保険料を全く納付していない 1 号期間滞納者は193.1万人（全体の15.6％）もいる。国民年金には，保

険料免除・猶予制度があり，申請全額免除者16.6％，学生納付特例者14.4％，納付猶予者4.5％となっている。1号期間滞納・免除・猶予者は51.1％にも及ぶ。一部滞納している一部納付者を含めると60.2％にまで達する。第1号被保険者のみでみると，国民年金はまさに空洞化しているといえる状況である。

　しかし，20〜59歳における国民年金の被保険者全体に占める1号未加入者の割合はわずか0.14％にすぎず（2019年10月末），1号期間滞納者・免除者・猶予者の割合も9.4％であり（2019年度末），国民年金制度が崩壊するというものではない。むしろ，障害・遺族無年金，老齢無年金・低年金が生じ，基礎年金が所得保障機能を果たせないこと，「すべての者に年金による保障を与える」という国民皆年金が空洞化することが問題なのである。

　第1号未加入者（8.8万人）は，非就業者（3.5万人）が39.9％，非正規雇用労働者（3.3万人）が37.5％（公務員・会社員として働く第1号未加入者の69.5％）と高い割合を占め，基本給（月給）10.8万円未満が45.5％と低所得者が多い。未加入の理由は，「届出の必要性や制度の仕組みを知らなかった」等が35.1％，「保険料が高く，経済的に納めるのが困難」が13.3％となっている。一方で，25.4％が生命保険に加入している（以上，「令和元年公的年金加入状況等調査結果の概要」）。

　1号期間滞納者は，パート・アルバイト・臨時が32.6％，無職が31.2％と，非正規雇用・無職の割合が高い。保険料未納の理由は，「保険料が高く，経済的に支払うのが困難」が76.0％と最も高く，さらにその理由は，「元々収入が少ない，または不安定だったから」が61.9％となっている。他方で，1号期間滞納者の70.6％が「もう少し生活にゆとりができれば保険料を納めたい」としている。1号期間滞納者の45.9％が生命保険や個人年金に加入しており，個人年金の保険料は平均で1.2万円となっている。ちなみに2019年度の国民年金保険料は1万6410円である（以上，「令和2年国民年金被保険者実態調査結果の概要」）。

　未加入者，保険料未納者には，非正規労働者・無職者が多く，問題を抜本的に解決するためには，非正規労働者を正規労働者に移行させるなどの雇用政策が必要である。また，短時間労働者への厚生年金の適用のさらなる拡大が求められる。当面は，未加入者に対して職権適用を行い，基礎年金番号通知書を送付することが必要である。未加入者・未納者に対しては，①保険料免除（全額

免除・多段階免除）・猶予制度（学生納付特例，保険料納付猶予制度）があること，②無年金防止のため老齢基礎年金の受給資格期間が25年間以上から10年間以上に短縮されたこと，③老齢基礎年金の他に障害基礎年金・遺族基礎年金があること，④コンビニ納付・インターネットバンキング・クレジットカード納付等の納付しやすい方法もあること，⑤国民年金は政府が責任をもって運営する制度であり，制度破綻は起こりえないこと，⑥老齢基礎年金の2分の1が国庫負担であること，⑦実質的価値を維持するスライド制があること等を含む公的年金についての広報が必要である。2019年10月に施行された低年金を補う年金生活者支援給付金支給法の一層の改善が求められる。なお，未加入・未納問題の抜本的解決策として，基礎年金の社会手当方式（税方式）への移行が主張されている。

2　基礎年金の水準問題

老齢基礎年金は，65歳単身者の2級地の生活扶助基準を算定基礎としているものの，2020年度において満額でも月額6万5141円と，生活保護による最低生活費（60～69歳の生活扶助・住宅扶助）に満たない水準である（1級地の1で9万1240円（生活扶助7万8240円，住宅扶助1万3000円），2級地の1と2の平均で8万3450円（生活扶助7万450円，住宅扶助1万3000円））。老齢基礎年金・旧国民年金の老齢年金（25年以上）のみの受給権者656.5万人（国民年金の老齢年金受給権者の19.7％）に支給されている老齢年金の平均額は，同年度末で月額5万2896円とさらに低い（厚生労働省「令和2年度厚生年金保険・国民年金事業年報（結果の概要）」）。

2020年において，高齢者世帯の総所得のうち公的年金・恩給は62.3％を占め，さらに，公的年金・恩給を受給している高齢者世帯のうち，公的年金・恩給の総所得に占める割合が100％の世帯は24.9％，80～100％未満の世帯は33.3％にも及び，高齢者世帯の多くは，所得の大部分を公的年金・恩給に依存している（厚生労働省「令和3年国民生活基礎調査の概況」）。にもかかわらず，2020年度において，生活保護利用世帯総数の55.5％は，高齢者世帯である（厚生労働省「被保護者調査（令和2年度確定値）」）。

基礎年金は高齢期の基礎的な生活部分の保障であって，一定の貯蓄を前提とするとの考え方もある。しかし，預貯金が全くない2人以上の世帯は，60歳台

で29.4%, 70歳以上で28.3%も存在し（金融広報中央委員会「家計の金融行動に関する世論調査（2人以上世帯調査）」2017年），たとえ，2000万円以上の貯蓄があったとしても，医療費や介護費用，子ども・孫の生活費・学費・住宅ローン等のために，「老後破産」や「下流老人」になるという問題も指摘されている（NHKスペシャル老人漂流社会「団塊世代 しのび寄る"老後破産"」2016年4月17日放映，藤田孝典『続・下流老人』朝日新書，2016年）。

国民年金は，自営業者を主たる対象として制度化され，65歳以降も自営業収入があるとの想定で給付水準も決められたが，2019年度末では，第1号被保険者のうち，自営業主は19.4%にすぎず，パート・アルバイト・臨時が32.6%，無職が31.2%等となっており（「令和2年国民年金被保険者実態調査結果の概要」），制度創設時とは大きく異なっている。

老齢基礎年金の額が低くても，最終的には生活保護あるので，基礎年金額を引き上げなくてもよいという考えもある。しかし，生活保護は，最後のセーフティネットであり，他法他施策を活用することを要件としている。つまり，所得保障の体系上，第1次的な所得保障は年金ということになる。したがって，基礎年金の額が生活保護の最低生活費に満たない水準でもよいのか，という問題を突きつけている。老齢基礎年金が厳密な意味で最低生活を保障するものであるとすれば，年金は全国一律の額なので，最も高い1級地の1の最低生活費と同水準でなければならないことになる。少なくとも，基礎年金は，2級地の生活扶助基準に見合う額として水準が設定されたので，2級地の生活扶助基準と同等の額に引き上げる必要があるといえよう。

【田中明彦】

◎さらに深く学ぶための参考文献

夏野弘司・芝宮忠美・渡辺穎助『貧しい日本の年金の実態，これで良いのか 世界で23位─中国と韓国の間』本の泉社，2017年
　　日々年金相談を受けている社会保険労務士，年金者組合役員が年金の実態・問題点を指摘したうえで，厚生年金の改善策と最低生活保障年金の創設を提案したもの。
堀勝洋『年金保険法─基本理論と解釈・判例〔第4版〕』法律文化社，2017年
　　年金法を中心に研究してきた著者が，年金保険法の基本理論を論じるとともに，裁

　判例・判例・学説を駆使して，国民年金法・厚生年金保険法を解説した体系書。

吉原健二・畑満『日本公的年金制度史―戦後70年・皆年金半世紀』中央法規出版，2016年

　官僚として実際に年金改革に携わった著者が，公的年金制度の歴史・現状・財政，企業年金の沿革・現状について論じたもの。

第5章　労働保険

1　労働保険とは

　働いて得た賃金によって生活を営んでいる労働者とその家族は，もし働き手が仕事中に起きた事故によってけがをしたり病気になった場合，また万一，死亡した場合には収入の道が途絶えてしまい，貧困に直面しがちである。そのほか，勤めている会社等が倒産した場合や解雇等によって仕事を失った場合にも，その賃金で生活していた人々は，ただちに収入がなくなり，生活がおびやかされることになる。

　このように雇われて働いている労働者（被用者）の労働生活面に発生する危険に対して**労働者災害補償保険**（以下，本文では**労災保険**と略す）制度と**雇用保険**制度が設立されている。これらの2つの制度は，社会保険制度のなかで**労働保険**と呼ばれており，保険給付はそれぞれの制度により行われるが，保険料は一括して「労働保険料」として徴収されている。つまり，原則として労働者をひとりでも雇用している事業所は労働保険の適用事業所となり，事業主は労働保険の成立手続を行い，労働保険料を納付することが義務づけられている。

　以下では，労災保険制度と雇用保険制度のそれぞれの沿革としくみと課題について紹介することにしよう。

2　労働者災害補償保険制度

1　制度の目的

　労災保険制度の目的は，業務上の事由または通勤による労働者の負傷，疾

病，障害，死亡などに対して迅速かつ公正な保護をするために必要な保険給付を行うとともに，被災労働者の社会復帰の促進や労働者およびその遺族の援護を行い，また労働者の安全と衛生の確保等を図り，労働者の福祉の増進に寄与すること，とされている。

2　制度の沿革

戦前の制度　労災保険制度の歴史をたどれば，すでに19世紀末には公務による障害または死亡の場合の扶助制度が設立されていたが，民間労働者の労働災害に対しては，1905年の鉱業法に始まり，1911年の工場法の災害扶助制度によって一般法制化された。だが当時はまだ雇い主の命令による業務によって発生した災害については，その雇い主の個別責任として「災害扶助」が被災労働者に対して行われるものにすぎなかった。

しかしその後，1922年の健康保険法の制定により，この個別責任による災害扶助から，社会保険による保障が行われることになり，健康保険制度が業務上・外の傷病をともにカバーする制度となった。

さらに，1931年に労働者災害扶助法とならんで創設された労働者災害扶助責任保険法は個別の使用者責任を前提として，それを履行するための責任保険の機能をもつものとなった。また，1941年に制定された労働者年金保険法は，障害年金と遺族年金について，その原因となる傷病に業務上・外の区別を設けなかったため，労働災害にも適用された。

労災保険制度の創設　戦後直後期の1947年に労働基準法に災害補償規定が設けられるとともに，労働者災害補償保険法が制定された。その目的は，労働者が業務上に被った災害に対して社会保険制度によってすみやかにその生活を安定的に維持することであった。というのは，使用者の災害補償責任は明確にすべきものの，それぞれの使用者の個別責任では被災労働者の保護に限界があり，より迅速な保護が必要とされたからである。

労災保険制度の創設によって，同制度が業務上に発生した疾病や傷病，また死亡事故を対象とするいっぽうで，業務外に発生したそれらの事故に対しては，健康保険制度の対象とされるようになった。つまり，疾病，傷病，障害，

死亡の原因が業務上であるか業務外であるかによって，労災保険制度（業務上）
または健康保険制度（業務外）に分かれて適用されることになった。

| 制度の拡充 | その後，1960年には労災保険制度に長期補償給付が設立さ
れ，国庫負担も導入されるようになった。また，1965年には
本格的な給付の年金化が始まったが，同年には一定の要件を満たす自営業者等
を対象とした特別加入制度も創設され，適用事業の範囲が拡大した。さらに，
1973年には，通勤途上の災害も労災保険制度の対象とされるような改正が行わ
れた。そして1976年には従来，保険施設とされてきた保険給付以外の事業を再
編して，**労働福祉事業**が導入されたが，それは被災労働者の社会復帰の促進や
災害の防止などを目的とするものであった。

このような労災保険制度の発展過程において注目すべきは，同制度が当初の
労働基準法の使用者責任に基づく災害補償にとどまらず，社会保障制度として
の独自の機能が強まるようになったことである。たしかに，社会保障化するこ
とで，労働者の生活保障を重視するとともに迅速で確実な給付を行うというメ
リットが生まれる。しかし他方で，事業主の労働災害に対する補償責任があい
まいになるという点が問題とされ，災害補償責任と社会保障制度との間での労
災保険制度の位置づけ方について，論議を呼び起こすことになった。

3　適用事業・適用労働者

労災保険制度が他の社会保険制度と異なる点は，給付を受けるのは労働者で
あるが，制度に加入するのは事業主という点である。つまり，同制度は本来事
業主が負担すべき災害補償の責任を担保するとされてきたことから，事業主が
保険料を全額負担するしくみとなっており，労働者は保険料を負担せずに，給
付の受給権を有する。

| 適 用 事 業 | 原則として労働者をひとりでも雇用している事業所は，労災
保険法の適用事業となり，労災保険制度に加入しなければな
らない（当然適用事業）。ただし，個人経営の農林水産業で，常時使用する労働
者数が5人未満である事業の一部は，任意加入とされている（暫定任意適用事
業）。また，雇われて働いている人々のなかでも国家・地方公務員は，それぞ

れ別枠の制度が設けられているため，同制度の対象にはならない（適用除外）。
なお，2010年より船員保険制度の一部が労災保険制度に統合された。

適用労働者　労災保険制度の対象となる労働者とは，労働基準法（労基9
条）における労働者と同義であるが，事業に使用されて賃金
を支払われる人々のことを指す。この「事業に使用され」という意味は，他人
の指揮命令に従い労務を提供することである（使用従属関係）。これらの労働者
は，職種や雇用形態にかかわらず適用対象となり，正社員のほか契約社員や派
遣社員，またアルバイト，パートタイマー，嘱託社員，外国人労働者なども含
まれる。

こうしてみると，労災保険制度は，事業所に雇われて働く労働者を対象とし
た制度であり，自営業者などは対象にならない。しかし，事業のなかには，大
工，左官などのひとり親方や，個人タクシーの運転手，また漁船による漁業者
のような自営業者など，一般の労働者と同じような条件で労働災害のリスクを
抱える人々も存在するため，労災保険制度には，それらの人々の加入を認める
制度が設けられている（特別加入）。

4　労　働　災　害

労災保険制度は，労働災害を被った労働者またはその遺族に対して必要な保
険給付を行う制度であることから，業務と災害との間に密接な関係がなければ
ならない。したがって，給付を受けるためには，発生した労働災害が「業務災
害」（または「通勤災害」）にあたるかどうかの認定が必要になる。

業 務 災 害　業務災害の判断基準として，①労働者が労働契約に基づいて
事業主の支配下で業務を行っている状態にあること（業務遂
行性）と，②業務と生じた災害との間に一定の因果関係があること（業務起因
性）の2つが要件とされる。つまり，業務災害は，業務を原因とした傷病であ
ることが要件となるが，そのためにはまず，労働者が労働関係にあることが必
要とされる。

(1)　**業務上の負傷**　実務面では業務遂行性の具体的内容は3つに類型化さ
れ，それぞれに対応する業務起因性の判断の主な点が，次のように整理されて

いる。

(a) 事業主の支配・管理下で業務に従事している場合　労働者が，あらかじめ予定した仕事を行っている場合や，作業の前後の準備や後始末，また作業中の飲水やトイレなど業務行為およびそれにともなう一定の行為については，他に特別な原因がない限り業務遂行性が証明され，一般的に業務上の災害と認められる。

(b) 事業主の支配・管理下にあるが業務に従事していない場合　休憩時間や就業時間後に事業所施設内で自由行動をしている場合が該当する。実際に業務に従事していないという点からは原則として業務上災害は認められないが，たとえば，帰宅途中の事業場施設内での不安全によるけがのように，事業場施設の欠陥等に災害の発生原因がある場合は業務災害にあたる。

(c) 事業主の支配下にあるが管理下を離れて業務に従事している場合　出張や社用での外出，営業などのために事業場外で仕事をする場合にあたるが，事業主の管理下を離れているものの事業主の命令を受けて仕事をしていることから，積極的に私的行為を行わない限り，これらは業務として認められる。たとえば出張先の工場でのけがは，業務災害とされる。

(2)　**業務上の疾病**　疾病が業務との間に相当因果関係がある場合に，業務上の疾病として労災保険制度の対象となる。つまりそれは，事業者の支配下にある状態で，有害因子にさらされたことによって発生した疾病を指す。

しかし事故による疾病（災害性疾病）に比べて，じん肺症による疾病など，有害物質を扱う職場に長く勤務したために起こる「**職業病**」（職業性疾病）については，その疾病にかかった原因となる事故を時間的に特定できず，業務遂行性や業務起因性を判断するのは困難なことが多い。そこで，あらかじめそのような疾病の種類を規定しておき，一定の要件を満たす場合には，とくに反証がなければ業務の事由によって生じたものとして取り扱うこととされている。

通勤災害　労災保険制度は設立当初，通勤災害をカバーしていなかった。たしかに通勤災害には労働基準法の使用者の災害補償責任はないが，業務と関わっていることから1973年の労災保険法の改正によって，通勤途上で発生した災害に対しても業務災害と同様の給付が行われること

になった。

　通勤災害とは，「労働者の通勤による負傷，疾病，障害又は死亡」を指す。ここでいう「通勤」とは，「労働者が就業に関し住居と就業の場所との間を合理的な経路及び方法により往復すること」を意味するが，「合理的な経路及び方法」というのは，労働者が一般的に用いると考えられる経路や手段のことである。そのため，通勤とは関係ない目的で往復の合理的な経路からはずれたり（逸脱），通勤経路上，通勤と関係のない行為を行った場合（中断）は，「通勤」として認められない。たとえば，通勤途中に映画館に入ることや，バーなどで長時間にわたって飲酒した場合などである。ただし，それらの逸脱や中断が，日常生活上必要な行為であって，厚生労働省令で定める「やむを得ない事由」による最小限度のものである場合，逸脱と中断の間を除いて「通勤」となる。具体的には，職業訓練や学校教育への出席，選挙権の行使，会社からの帰り道に食事の材料を購入する場合や，病院などで診察や治療を受ける場合，また，親族の介護を行う場合などがそれに該当する。

　近年の社会・経済の状況にともなって，働き方も変化していることから，この「通勤」の定義もそれにあわせて拡大され，2006年より，複数の事業所で働く労働者の事業所から事業所への移動や，単身赴任者の赴任先住居から自宅の間を移動する場合に生じた災害も通勤災害の対象とされるようになった。

5　労災保険制度のしくみ

　以下では，①保険給付，②社会復帰促進等事業，③財源の順に示すことにしよう。

（1）保険給付

　労災保険制度の給付対象となる労働災害は，大別すれば仕事中に生じた「業務災害」と会社などへの行き帰りの途中に発生した「通勤災害」に分けられる。図表5-1は，労災保険制度の全体像を示したものである。業務災害を対象とした給付は，労働基準法で定められた事業主の補償義務を肩代わりするという意味があることから，葬祭給付を除く各給付は「補償給付」となっている。いっぽう通勤災害には事業主の補償義務はおかれていないので，「補償」

図表 5-1　労働者災害補償保険制度の概要（令和 3 年度予算額）

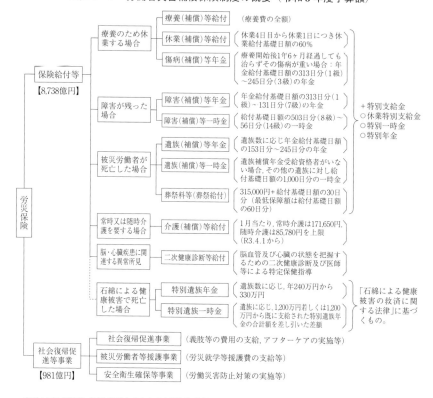

出所：厚生労働省『厚生労働白書令和 3 年版』資料編，2021 年，133 頁より作成

という文字はつかない。

　労働災害の状態別にみると，給付は，①療養のため休業する場合，②障害が残った場合，③死亡した場合，④介護を要する場合，⑤脳・心臓疾患に関連する異常所見があった場合に分けられる。また，補償を受けずに⑥石綿による健康被害で死亡した場合に特別給付が行われる。

**療養のため
休業する場合**　**(1)　療養（補償）等給付**　業務災害や通勤災害によるけがや病気に対して，その治療を目的として療養（補償）等給付が支給される。同給付は，原則として労災指定病院などにおいて現物給付として支給される。業務災害の場合は健康保険制度のように患者の一部負担はな

く，全額がカバーされる。他方，通勤災害の場合は業務災害と異なって使用者の補償責任がないため，療養給付には一部自己負担が課される。

(2)　**休業(補償)等給付**　　労働者が，業務災害または通勤災害によるけがや病気で療養が必要となって働けずに賃金を得られない場合，そのけがや病気が治って働けるようになるまで，休業(補償)等給付が支給される。ただし，1年6か月を経過しても傷病が治らず，傷病(補償)等年金の対象となった場合には，同給付は支給されない。

同給付は，3日間の待期期間を経て休業4日目から支給されるが，その額は，給付基礎日額（労働基準法で定める平均賃金相当額）の60%である。そのほか，社会復帰促進等事業から同給付に上乗せして，給付基礎日額の20%相当の「休業特別支給金」が支給される。最初の3日間については，労働基準法の規定に基づき事業主による休業補償が行われるが，通勤災害の場合にはこの待期期間中の休業補償はない。

(3)　**傷病(補償)等年金**　　療養を開始してから1年6か月を経過しても治癒せず，その程度が一定の傷病等級（1級から3級）に該当する場合に，傷病(補償)等年金がその等級に応じて支給される。また，社会復帰促進等事業から傷病特別年金（賞与をもとに計算された算定基礎日額に基づく）と，特別支給金（一時金）が支給される。

障害が残った場合　　けがや病気は治癒したが，一定の障害が残った場合，障害の程度に応じて，障害(補償)等年金または障害(補償)等一時金が支給される。労災保険制度では障害等級を14段階に分けている。重度の障害（1級から7級）に対しては年金による給付を行い，軽度の障害（8級から14級）に対しては，一時金が支給される。

そのほか社会復帰促進等事業から特別支給金として，1級から14級までを対象とした「障害特別支給金」（一時金）と，賞与をもとに計算された「障害(補償)特別年金」（1級から7級），または「障害(補償)特別一時金」（8級から14級）が支給される。

死亡した場合　　(1)　**遺族(補償)等年金・遺族(補償)等一時金**　　労働者が業務災害または通勤災害で死亡した場合，一定の要件を満

たす遺族（その労働者によって生計を維持されていた配偶者，子ども，父母，孫，祖父母，兄弟姉妹）に対して遺族(補償)等年金が支給される。遺族が死亡した労働者に扶養されていなかった場合など，年金の受給資格がない場合には，遺族(補償)等一時金が支給される。

　同給付に加えて社会復帰促進等事業から遺族特別支給金（一時金）が支給されるほか，遺族(補償)等年金の受給権者に対しては「遺族特別年金」が，遺族(補償)等一時金の受給権者に対しては，「遺族特別一時金」がそれぞれ支給される。

　(2)　**葬祭料等（葬祭給付）**　　業務災害または通勤災害により死亡した労働者に対しては，その葬儀を行うものに，葬祭料（業務災害）もしくは葬祭給付（通勤災害）が支給される。

介護を要する場合　　業務災害や通勤災害によるけがや病気によって障害を有した労働者が重度の障害のために介護を受けている場合に，その介護費用の補填を目的として**介護(補償)等給付**が支給される。同給付は，かつて労働福祉事業が行ってきた介護料支給を，1995年に労災保険の給付に含めたものである。具体的な給付内容は，障害(補償)年金や，傷病(補償)年金の第1級に該当する場合，または第2級の精神・神経障害および胸腹部臓器障害を有する場合で，介護を受けている人々が対象となる。同給付の支給額は「常時介護を要する状態」または「随時介護を要する状態」の要介護区分に応じて決められている。

脳・心疾患に関連する異常所見があった場合　　過労死の予防を目的として，2000年の労災保険法改正時に，**二次健康診断等給付**が創設された。同給付により，事業主が実施する労働安全衛生法の規定に基づく定期健康診断において，一定の項目（血圧・血中脂質，血糖，肥満度）について異常所見が認められた場合に，請求に基づき無料で二次健康診断が行われる。

石綿による健康被害で死亡した場合　　2006年に施行された石綿による健康被害の救済に関する法律に基づき，疾病で死亡した労働者の遺族のなかで労災保険法に基づく遺族補償給付を受ける権利が時効により消滅してしまった人々に対して，その疾病が仕事により発症したことが認められた場合

に，特別遺族年金または特別遺族一時金（特別遺族年金の受給権者がいない場合など）が支給される。

　以上の保険給付を受けるためには，被災労働者またはその遺族が，被災労働者の所属事業場の所在地を管轄する労働基準監督署長（二次健康診断等給付は所轄労働局長）に給付申請を行う必要がある。この請求に基づいて，所轄労働基準監督署長が給付決定を行い，受給資格者は所定の給付を受けることになる。

　なお，2020年の改正により，事業主が同一人でない複数事業所で就業する労働者（複数事業労働者）に対して，複数就業先の賃金を合算した額を基礎として給付が行われるようになった。また，労災認定においても，複数就業先の業務上の負荷（労働時間やストレスなど）が，総合的に評価されることになった。そのため保険給付に，それまでの業務災害と通勤災害に加えて，新たに「複数業務要因災害」の区分が設けられた。

（2）　社会復帰促進等事業

　労災保険制度は，保険給付以外にも被災労働者やその遺族のための福祉の増進を目的とした事業を行っている。前述したように1976年に従来の制度を再編し，被災労働者の社会復帰や災害の予防などを目的として労働福祉事業がスタートしたが，同事業は次の4種類に大別された。すなわち，①社会復帰促進事業（例：労災病院やリハビリテーション施設の設置など），②被災労働者等援護事業（例：休業〔補償〕給付などにあわせて支給される特別支給金や，被災労働者またはその遺族の子女の学資援助など），③安全衛生確保事業（例：労働災害防止活動，産業保険健康センターの設置・運営，業務上疾病に関する認定検査など），④労働条件確保事業（例：未払い賃金の立替払いや，中小企業退職金共済制度への助成など）である。

　その後，2007年の労災保険制度の改正において，従来の労働福祉事業のなかの「労働条件確保事業」が廃止され，労働福祉事業の名称も「社会復帰促進等事業」に変更された。そして具体的な事業は，①「**社会復帰促進事業**」，②「**被災労働者等援護事業**」，③「**安全衛生確保等事業**」に再編された。

（3）　財　　源

　労災保険制度は，もともと事業主の災害補償責任に基づくものであることから，財源は原則として事業主が負担する保険料でまかなうものと考えられてき

た。しかし1960年以降，長期補償が行われるようになり，給付水準が労働基準法の災害補償を上回るようになったため，国庫負担が組み込まれるようになった。

　同制度の保険料は，事業主が全額を負担し，雇用保険料とともに**労働保険料**として政府が徴収する。労災保険の保険料は，労働者に支給された賃金総額に労災保険率（事業の種類ごとに定められており，2023年現在は，54種の間で1000分の2.5から1000分の88）を乗じた額とされる。

　また，事業主に災害防止を促すとともに保険料負担を公平にする目的で，一定要件に該当する事業に対して**メリット制**が設けられている。メリット制とは，個別事業ごとに災害率に応じて，保険率または保険料額を一定の範囲内で増減させることである。つまり保険給付の多い事業（＝災害発生率が高い）には，保険料を高くし，逆に保険給付の少ない事業には保険料を低くするというしくみである。労働災害の発生を予防するという側面からこのメリット制に効果が認められるいっぽうで，実態としては，これまでのところ大企業に比べて中小企業での労働災害の発生率が高いため，メリット制を導入すると，相対的に中小企業の保険料が高くなるという問題も指摘されている。

3　雇用保険制度

1　制度の目的

　雇用保険制度は，企業の倒産や解雇などによって雇用の継続が困難になった労働者に対して給付を行い，その生活の安定を図るとともに，再び仕事に就けるようにするための支援を行うことを目的とする。あわせて，失業の予防や雇用状態の是正を行い，また，雇用機会の増大と労働者の能力開発・向上やその他の労働者の福祉の増進を図ることを目指している。つまり，雇用保険制度は，失業者の生活の安定に向けた給付を行うだけではなく，それらの人々が再び労働市場に復帰するための職業訓練や技術の修得などへの支援も行う。

　こうしてみると他の社会保険と比べて雇用保険制度は，産業構造の転換や経済状況の変化により生み出される労働者の生活面での事故を対象にしている点が特徴といえよう。

2　制度の沿革

**失業保険制度
の創設**　わが国で最初の失業保険構想は，戦前にさかのぼるが，実際に公的な失業保険制度が創設されたのは，戦後になってからである。

1947年，戦後の混乱のなかで，政府を保険者とした**失業保険法**が制定された。ここで創設された失業保険制度は，従業員5人以上を雇用する事業場を対象として，離職の日以前の1年前に6か月の被保険者期間がある場合に，180日間，賃金に応じて80％から40％の失業給付を支給する制度であった。同時に，その期間を満たさない労働者に対して，無拠出での失業扶助制度が経過措置として設立された。また，1949年には被保険者の範囲を拡大して日雇い労働者も保険給付の対象に含めるような改正が行われた。

やがて1960年代の高度経済成長期を迎えて，労働力不足への対策や労働力の流動化政策が進められるようになると，それに対応して，失業保険制度には職業訓練中の給付日数の延長や就職支度金制度の創設，また，技能習得手当や寄宿手当などが創設されるようになる。つまり，失業問題への対応は，単に失業者の生活のための給付だけではなく，職業訓練などを通じて，失業者の労働市場への復帰という側面が重視されるようになった。

**失業保険法から
雇用保険法へ**　その後，第一次オイルショックによる雇用情勢の悪化により，さらに雇用の安定と失業の予防が重視されるなか

COLUMN　失業の意味

ところで，「失業」とはどのような状態をいうのであろうか。雇用保険法4条3項では，「失業」とは，被保険者が離職し，労働の意思及び能力を有するにもかかわらず，職業に就くことができない状態にあることをいう，としている。つまり，被保険者である労働者が，単に仕事を失っただけでなく，働く意思と能力をもちながら，仕事が見つからない状態にあることを意味する。

以上の条件からみると，離職してもたとえば，病気やけがなどによってすぐに働けない場合や，出産の時期となったり，育児や介護などを行っている場合，また学業または家事に専念する場合などは，失業給付の対象にならない。

で，少子・高齢化社会の到来から中高年者の雇用に注目が集まり，職業生活の各段階での必要に応じた教育訓練が重視されるようになった。他方で，失業給付の受給者層の偏りが問題とされたことなどから，1974年に，既存の失業保険法を全面的に置き換えた**雇用保険法**が制定された。

新たな雇用保険制度の主な特徴は，失業給付の見直しだけでなく，雇用改善事業や能力開発事業，および雇用福祉事業を導入した点である。それらの事業はその後，雇用三事業（雇用安定事業，能力開発事業，雇用福祉事業）に再編された。なかでも，1975年に創設された雇用調整給付金（1981年から雇用調整助成金になる）は，事業活動を縮小せざるをえなくなった事業主に対して，労働者を解雇せずに休業や教育訓練などを行った場合にその費用負担の一部を助成するものであるが，雇用の維持という点から大きな役割を果たしたといわれる。

さらに，就労形態の多様化にあわせて，1989年にはパートタイム労働者に対する雇用保険の適用拡大等が行われた。また1994年改正では，定年により賃金が減少した高齢労働者に対する高年齢雇用継続給付や，育児休業期間中の所得保障として育児休業給付が導入された（1998年より介護休業給付も対象となる）。こうしてみると，雇用保険制度は近年，失業者の生活保障給付だけでなく，少子・高齢社会における就労のあり方や，就労と家族的責任の両立支援策を促進する役割をもつようになったといえよう。

バブル経済崩壊後 しかし，1990年代のバブル経済崩壊の影響により失業率が上昇し，また少子・高齢化の進行のさらなる進行は，雇用保険制度の財政状況を悪化させ，制度に見直しを迫るものとなった。

2000年の雇用保険法の改正では，保険料の引上げのほか，倒産やリストラによる解雇の場合に給付を手厚くするような改正が行われた。他方で，就業支援対策として**育児休業給付金**と**介護休業給付金**の給付率が25％から40％へ引き上げられた。

そして，厳しい雇用状況が続くなかで，雇用保険制度の安定的運営にはさらなる見直しが必要となり，2003年には保険料の引上げとともに，早期再就職の促進と多様な働き方への対応，そして再就職の困難な状況に対応した給付の重点化を目指した改正が行われた。具体的には，早期就業を促進するために，相

対的に高所得層であった人々の給付率を抑制したことや，就業促進手当制度を創設して早期就業をした人々に対する手当の支給が行われるようになった。そのいっぽうで，高年齢雇用継続給付や教育訓練給付の給付率については，引下げが行われた。

3　適用事業・被保険者・基本手当受給要件

　雇用保険制度は政府が管掌する**強制保険制度**であり，労働者をひとりでも雇用する事業は業種や規模にかかわらず適用事業とされる。ただし，個人経営の農林水産業で常時使用する労働者数が5人未満である事業の一部は，任意加入とされている（暫定任意適用事業）。また，他の制度の対象となる公務員等は，適用除外とされている。なお，2010年より船員保険の雇用保険相当部分は同制度の適用対象となった。

　適用事業に雇用される労働者は，その意思にかかわらず被保険者となる。ここでいう「労働者」とは先に示した労災保険制度の対象となる労働者と同様であり，事業主に使用され，賃金を支払われる人々のことをいう。

　雇用保険制度の被保険者は，**図表5-2**に示すように①一般被保険者，②高年齢被保険者，③短期雇用特例被保険者，④日雇労働被保険者の4種類に分けられる。そして，それぞれの被保険者資格により求職者給付の基本手当の受給要件が規定されている。

　一般被保険者　まず一般被保険者とは，高年齢被保険者，短期雇用特例被保険者，日雇労働被保険者以外の労働者であるが，かつては，通常の一般被保険者のなかに短時間労働被保険者（パートタイム労働者）の区分が設けられていた。しかし，2007年の雇用保険法の改正により，この区分は撤廃され，どちらも離職前の2年間に12か月以上（倒産・解雇などの場合には離職前の1年間に6か月以上）の被保険者期間があることが基本手当の受給条件とされるようになった。その後さらにパートタイム労働者の適用基準が緩和され，2010年には，週当たりの所定労働時間が20時間以上で31日以上の雇用の見込みがあるパートタイム労働者は，一般被保険者として同制度の対象とされるようになった。

図表 5 - 2　　雇用保険制度の被保険者の種類と「基本手当」の受給要件

被保険者の種類	基本手当の受給要件
一般被保険者	離職日以前2年間に被保険者期間（週労働時間20時間以上の賃金支払い対象就労日の11日以上ある月）が通算して12カ月以上あること。ただし，倒産・解雇等の場合や非正規労働者の雇い止めの場合は，離職日以前1年間に被保険者期間が通算して6カ月以上あることで該当する。
高年齢被保険者	同一事業主の適用事業に65歳以前から引き続き雇用されている者，ないし65歳以降に新たに雇用される者で，離職日以前1年間に被保険者期間（週労働時間20時間以上の賃金支払い対象就労日の11日以上ある月）が通算して6カ月以上あること。
短期雇用特例被保険者	季節的に雇用される者で，離職日以前1年間に被保険者期間（週労働時間20時間以上の賃金支払い対象就労日の11日以上ある月）が通算して6カ月以上あること。
日雇労働被保険者	日々雇用または30日以内の期間を定めて雇用される労働者のうち，適用区域内に居住または区域内適用事業に雇用される者，および厚生労働大臣指定の区域外適用事業に雇用される者が対象となる。失業した日の属する月の前2カ月間に印紙保険料を通算26日分以上納付していること（普通給付の場合，別に特例給付あり）。

出所：公益財団法人日本生産性本部生産性労働情報センター『社会保険ポイント解説'20/'21』2020年，5頁

　また，パートタイム労働者とならんで，最近増加している派遣労働者についても，**常用型の派遣労働者**（派遣元の事業主に雇用され，派遣先事業で就業する労働者）の場合は，一般の常用労働者と同じく雇用保険制度の対象となる。また，**登録型派遣労働者**（派遣元事業主に派遣労働者として登録し，派遣就業する場合にのみ派遣元事業主に雇用される労働者）の場合でも，週当たりの所定労働時間が20時間以上であり，同じ派遣元で31日以上にわたり派遣就業することが見込まれる場合には，一般被保険者の資格が得られるようになった。

その他の被保険者　　**高年齢被保険者**とは，雇用保険制度の加入条件を満たす65歳以上の労働者を指す。これまでは，高年齢継続被保険者として，65歳になる前から同一の事業主の適用事業に雇用されていることが要件とされてきたが，2016年の法改正により，65歳以降に新たに雇用された労働者も雇用保険の加入対象となった。また，2020年には，複数の職場をかけもちして働く65歳以上の労働者に対しても雇用保険を適用する改正が行われた（2022年施行）。そのほか，**短期雇用特例被保険者**は，季節的，あるいは短期的に雇用される労働者であるが，基本手当の受給要件は**図表 5 - 2**に示すと

おりであり，4か月以内の短期の季節的事業に雇用される場合は，同制度の対象にならない。そして，**日雇労働被保険者**は，日々雇用される労働者，または30日以内の期間を定めて雇用される労働者で，同図表に示された一定の要件に該当する人を指す。

4　雇用保険制度のしくみ

雇用保険制度は，**図表5-3**に示すように，大別して(1)失業等給付と，(2)育児休業給付と，(3)雇用保険二事業に分けられる。なお，図中の（※）就職支援法事業は，雇用保険制度の附帯事業として位置づけられており，具体的には，雇用保険制度の対象にならない求職者に対して無料の職業訓練と給付金を支給して，早期就職を支援する目的で求職者支援制度が設立されている。

（1）　失業等給付

失業等給付は，①求職者給付，②就職促進給付，③教育訓練給付，④雇用継続給付からなる。

求職者給付は，失業した労働者が，次の仕事を見つけて就職

求職者給付　するまでの所得保障給付であり，先にみた被保険者の種類別に給付が設定されている。まず，一般被保険者を対象とした求職者給付には，「基本手当」，「技能習得手当」，「寄宿手当」，「傷病手当」の4種類がある。

なかでも基本手当は，かつては失業給付と呼ばれ，失業中の生活を支える中心的な給付となってきた。基本手当を受給するためには，まず失業状態にあり，一定の被保険者期間を満たしていることが条件であるが，そのほかに，住所を管轄する公共職業安定所（ハローワーク）に出頭して，受給資格の決定を受けた後，継続的に失業の認定を受けなければならない。

基本手当の給付額（日額）は，離職前の賃金日額をもとに算出されるが（原則50〜80％），現在は低所得層ほど給付率が高くなるように設定されている。また基本手当の給付期間（所定給付日数）は，離職理由や年齢，また被保険者であった期間によって90日〜330日となっており，就職が困難な人々に対して給付期間を長くするようなしくみになっている。たとえば，定年や自己都合による一般の離職者については，被保険者であった期間により所定給付日数は90日

図表 5‑3　雇用保険制度の概要

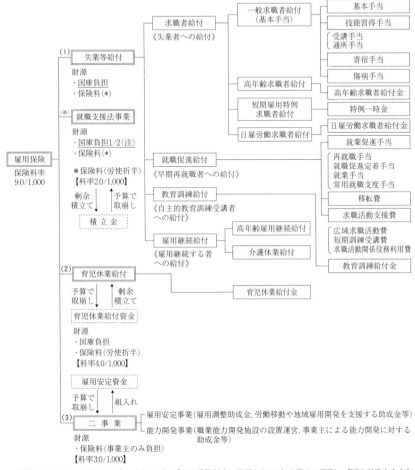

出所：ハローワークインターネットサービス「雇用保険制度の概要」（2021年3月2日閲覧），『厚生労働白書令和3年版』資料編，2021年，154頁より作成

〜150日であるが，倒産や解雇による離職者の場合は，年齢および被保険者であった期間により，90日〜330日となっている。

　2020年には，新型コロナウイルス感染症の影響に対応するための雇用保険法の臨時特例等に関する法律が施行され，基本手当の給付日数を延長する措置が行われた。

　一般被保険者を対象としたその他の求職者給付として，公共職業訓練等を受ける際に支給される技能習得手当と寄宿手当がある。また，受給資格者が求職を申し込んだ後で15日以上疾病や負傷のために仕事に就けず，基本手当が支給されないような場合に，傷病手当が代わりに支給される。

　そのほか，65歳以上で失業した高年齢被保険者に対しては，被保険者としての加入期間をもとに，一時金で高年齢求職者給付金が30日または50日分支給される。そして，季節労働者などの短期雇用特例被保険者が失業した際には，特例一時金が支給される。また日雇労働被保険者に対しては，印紙保険料の納付状況によって，失業すると，その都度１日単位で日雇労働求職者給付金が支給される。

就職促進給付　2003年に従来の再就職手当と常用就職支度金を統合して就業促進手当が創設されたが，同手当は，失業中の労働者が，比較的早い時期に労働市場に復帰した場合に支給される。

　就業促進手当として次の４種類がある。すなわち，①就業手当（１年未満のパートタイマーや契約社員など常用雇用以外の職に就いた場合で一定の要件を満たした場合に支給），②再就職手当（安定した職についた場合で一定の要件を満たした場合に支給），③就業促進定着手当（再就職手当の受給者で，前職の賃金よりも再就職の賃金のほうが少ない場合で一定の要件を満たした場合に支給），そして④常用就職支度手当（中高年や障害者など，就職困難者が公共職業安定所の紹介により安定的な職に就いた場合で一定の要件を満たした場合に支給）である。そのほか，移転費（職業訓練のための移動費用）と求職活動支援費（求職活動の移動費や広域求職活動費など）が設けられている。

教育訓練給付　労働者が自ら費用を負担して一定の教育訓練を受けた場合に，その費用の一部が教育訓練給付金として支給される。同給付は失業に対する事後的保障だけでなく，それを予防するための給付ともいえる。2021年現在，３種類の給付金がある。まず，①一般教育訓練給付金（1998年創設）は，被保険者期間が３年以上（初回は１年以上）ある場合に，教育訓練に要した費用の20％が上限10万円まで支給される。離職者の場合は，離職から１年以内に受講を開始することが条件であるが，やむを得ない事情によ

り，その期間を延長することが認められる。

　また，②専門実践教育訓練給付金（2014年創設）は，中長期的キャリア形成に資する教育訓練を対象とするが，被保険者期間が3年以上（初回は2年以上）ある場合に，教育訓練に要した費用の最大70%（上限56万円まで）が支給される。さらに，2019年より，速やかな再就職および早期のキャリア形成を目指すために，③特定一般教育訓練給付金が支給されるようになった。同給付金も，被保険者期間が3年以上（初回は1年以上）ある場合に，教育訓練に要した費用の40%（上限20万円まで）が支給される。

雇用継続給付

(1) 高年齢雇用継続給付　　高年齢雇用継続給付は，60歳以上65歳未満の一般被保険者が，60歳時の賃金の75%未満の賃金で働いているときに，被保険者期間が通算5年以上ある場合に賃金の低下率に応じて支給される。失業給付を受けずに雇用を継続する労働者に対しては，高年齢雇用継続基本給付金が支給され，失業給付を受けた後で再就職をしている人々には，高年齢再就職給付金が支給される。

(2) 介護休業給付　　負傷，病気または身体上もしくは精神的な障害によって，2週間以上にわたり常時介護が必要である家族を介護するために休業を取得した被保険者が，原則として休業開始前2年間に賃金支払い日数が11日以上の月が通算で12か月以上あるときに介護休業給付金の受給資格者となる。また介護休業期間中に8割以上の賃金が支払われていないことや，ひと月（支給単位期間）ごとに就業していると認められる日数が10日以下であることも育児休業給付の受給要件と同様である。介護休業給付金の対象となる家族とは，配偶者，父母，子，配偶者の父母のほか，祖父母，兄弟姉妹，孫である。2016年8月より，同給付金は，休業開始前の賃金の67%が最長で93日間支給されることになった。さらに，2017年より，介護休業期間を3回まで分割取得できるようになり，それに合わせて介護休業給付金も分割受給できるようになった。また，2021年の改正において，有期雇用労働者の介護休業の取得要件が緩和され，介護休業給付金の支給に当たって，同一事業主に引き続き1年以上雇用されている，という要件が廃止されることになった。

（2）　育児休業給付

　育児休業給付は，仕事と子育ての両立支援策として導入されている育児休業制度の所得保障部分を担うものである。

育児休業給付金　一般被保険者が満 1 歳（パパ・ママ育休プラス制度を利用する場合は 1 歳 2 か月，支給対象期間の延長に該当する場合は 1 歳 6 か月または 2 歳）未満の子を養育するために育児休業を取得したとき，原則として休業開始前 2 年間に賃金支払い日数が11日以上の月が通算で12か月以上あるときに育児休業給付金の受給資格者となる。そのほか，育児休業期間中に休業前の 8 割以上の賃金が支払われていないことと，ひと月（支給単位期間）ごとに就業していると認められる日数が10日（10日以上の場合は就業時間が80時間）以下であることも同給付金の受給条件とされている。

　2010年より，それまで分かれていた育児休業基本給付金（育児休業期間中に支給される給付）と育児休業者職場復帰給付金（育児休業を終えて 6 か月過ぎたときに支給される）が統合されて育児休業給付金となった。そして2007年より暫定的に10％引き上げられて50％となった給付率は，さらに2014年より育児休業開始から180日目までは，休業開始前の賃金の67％が支給されることになった（181日目からは従来どおりの休業開始前の賃金の50％が支給される）。

　また，2017年10月より，保育所が利用できないなどの理由による育児休業の延長期間は，子が 2 歳に達するまで延長できるようになったため，育児休業給付金の支給期間も，それに合わせて最長 2 歳までとなった。

　さらに，2020年の改正において，それまで失業等給付のなかの雇用継続給付として位置づけられてきた育児休業給付金が，財政運営の安定のために，失業等給付とは別建ての「育児のために休業を取得した労働者の雇用と生活の安定を図るための給付」とされ，財源が別管理となった。そして，2021年の改正では，育児休業期間の分割取得が可能となったほか，男性の育児休業の取得を促進するために，子の出生後 8 週間以内に，父親が最長 4 週間まで出生時育児休業を分割取得できることになった（産後パパ育休）。それにともない，出生時育児休業給付金が新設される（2022年施行）。また，有期雇用労働者の育児休業の取得要件が緩和され，育児休業給付金の支給に当たって，同一事業主に引き続

き１年以上雇用されている，という要件が廃止されることになった。

（3）　雇用保険二事業

　雇用保険制度において，以上の所得保障とならんで**雇用保険三事業**として**雇用安定事業，能力開発事業，雇用福祉事業**が展開されてきた。しかし2007年に雇用福祉事業が廃止されたため，現在では二事業となっている。

雇用安定事業　雇用安定事業は，失業の予防や雇用状態の是正，雇用機会の増大とその他雇用の安定を図ることを目的とする。具体的には，雇用調整助成金などを通して，景気の変動などにより事業活動を縮小しなければならなくなった事業主に対して，労働者の休業，教育訓練，出向などを行う際に助成や援助を行う。最近の新型コロナウイルス感染症拡大の影響を受けた事業主には雇用調整助成金（コロナ特例）が支給され，休業中に休業手当金を受けることができなかった労働者には新型コロナウイルス感染症対応休業支援金・給付金などの特例措置が実施された。そのほか，定年延長や再雇用を通じて高年齢者の雇用を推進し，高齢者を雇い入れる事業主や，季節労働者の通年雇用の促進を図る事業主，また，公共職業安定所を通して，障害者など就職が困難な人々を積極的に雇い入れる事業主に対しても助成を行っている。

能力開発事業　職業生活の全期間を通じて，労働者の能力の開発・向上を目指す事業である。具体的には，事業主などが行う職業訓練への助成のほか，公共職業能力開発施設の充実，職場講習，職場適応訓練の実施，再就職促進講習などがある。

（4）　財　　源

　雇用保険制度の財源は，労使の拠出が中心であるが，一部国庫負担も投入されている。雇用保険の保険料率は，①一般事業，②農林水産・清酒製造事業，③建設事業の３種類に分かれて設定されている。そのなかで①一般事業の保険料率は，2023年現在，賃金支払い総額の1000分の15.5であるが，失業給付等分が1000分の８，育児休業給付分が1000分の４（いずれも労使折半）であり，雇用二事業については事業主のみが負担する（1000分の3.5）。最近，保険料と国庫負担を引き下げる方向で改正が行われたが，その後，新型コロナウイルス感染症拡大の影響により財源が逼迫したため，保険料率は再び上昇して，法律の原則に戻っている。

4　今後の課題

　以上みたように，労災保険制度と雇用保険制度は労働者個人の生活や労働市場の変化の影響を受けて変化し，新たな課題も生まれている。

　労災保険制度は，戦後に労働基準法の使用者責任に基づく災害補償を目指す制度として創設された後，適用事業の拡大や給付内容・給付水準の改善などにより，独自の機能を有する社会保障制度として発展をみた。

　しかし，産業構造の変化や労働者の働き方の多様化は，労災保険制度にも少なからぬ影響を与えている。たとえば，働き手の減少などから，高齢者の就労が促進されているが，その裏側で，高齢労働者の労働災害もまた増加していることに注目すべきであろう。

　同様に深刻な問題は，最近の労働市場において，非正規労働者が増加するいっぽうで，正規労働者にも長時間労働やストレスなどによる強い心身への負担が生じており，過労死や過労自殺の発生が後を絶たないことである。

　厚生労働省が毎年発表している「過労死等の労災補償状況」によれば，2019年度に過重な仕事が原因で「脳・心臓疾患」を発症して労災補償を請求した数は936件であり，そのうち労災として認定され，支給決定されたのは216件であった。また，死亡の場合の請求件数は253件で，そのうち支給決定がなされたのは86件と報告されている。そのほか，精神障害に係る労災請求件数が急速に増加しており，2019年度には2060件となっている。そのうち支給決定されたのは509件であるが，そこには自殺（未遂を含む）が88件含まれている。

　労働災害のこうした質の変化に着目して，災害防止策を検討していくことが急務の課題といえよう。そのほか，労災保険制度の対象とすべき労働災害の届けを出さずにすましてしまう，いわゆる「労災かくし」の存在も制度の前提を崩してしまう問題として見逃せない。

　いっぽう，雇用保険制度は当初，産業社会のなかで生み出された失業というリスクに対して現金給付を通じて失業者の生活の安定を図ることを目的とした。しかし，その後，職業訓練などを重視した労働市場政策が重視されるよう

になり，さらに最近では，高齢労働者の就労促進や，就労と家族的責任の両立支援策の視点から，育児休業や介護休業の所得保障をカバーする役割を果たすようになった。つまり，雇用保険制度には労働面だけでなく，その背景にある少子・高齢社会への展望を含めた社会保障制度としての役割も求められるようになったといえよう。

　また近年，パートタイムや派遣などの非正規労働者が増加しているが，それらの労働者は失業しても，被保険者期間が不足しているなどの理由から，基本手当が受給できない場合も少なくない。雇用保険制度が，労働者の生活の安定を念頭においた制度づくりを目指すならば，まずは，非正規労働者の受給要件をさらに緩和して同制度の適用対象にしていくことが必要であろう。

【廣瀬真理子】

◎さらに深く学ぶための参考文献
公益財団法人日本生産性本部生産性労働情報センター『社会保険ポイント解説』（各年版）
　　社会保険に焦点をあてて，社会保障制度を概観している解説書であり，労災保険と雇用保険についてもそれぞれの最新の制度改正に対応している。
和田肇編著『コロナ禍に立ち向かう働き方と法』日本評論社，2021年
　　コロナ禍において働く人々の抱える問題が，労働法の研究者と実務家の視点を通して明らかにされ，雇用と社会保障制度のあり方について考えるうえで多くのヒントが得られる。
高藤昭『社会保障法制概論〔第2版〕─少子・高齢・国際化時代を視座に』龍星出版，2001年
　　社会保障とは何か，という問いに対して法学的な視点からアプローチしており，労災保険制度と雇用保険制度の設立の背景からの歴史も詳しく記述されている。

第6章　民間保険と社会保険

1　保険とは

1　保険のしくみ

私たちの生活と保険　私たちの生活のなかには，生活をおびやかす様々な種類の危険がある。たとえば病気や怪我，失業，高齢，障害，要介護の状態，さらには火災や地震などの災害，交通事故などである。こうした個人や企業などの経済生活に支障をもたらすおそれのある偶発的な出来事を，「危険（リスク）」という。

　保険とは，同じようなリスクにさらされた多数の人々が集まってリスクの負担を分散するしくみである。つまり，個々人にとっては偶発的なリスクであっても，同一のリスクにさらされる可能性のある多数の人々によって構成される集団では，リスク発生の確率や損害総額をある程度客観的に測定することができる。予測される損害総額を全員で分担すると，個々の負担は少額ですむ。実際にリスクが生じた個人は，集団全体で備えたなかから保険金を受け取り，損害を回復することができる。

保険の基本構造　何らかのリスクが発生したときに保険金を受け取るためには，前もって保険に加入し，保険料を払っておく必要がある。保険に加入する者のことを「保険加入者」という。社会保険の場合は「被保険者」と呼ばれる。保険料を徴収してこれを管理し，保険金を支払う業務にあたる者を「保険者」という。民間保険の場合は，保険に加入するためには，保険者である保険会社などと保険契約を締結しなければならない。保険契約を締結する者のことを「保険契約者」という。「保険料」とは，保険契約者

が拠出しなければならない金銭のことをいう。保険契約の対象となるリスクを「保険事故」といい，保険事故が発生した際に保険者から支払われる金銭のことを「保険金」という。

保険の技術的な原則　保険のしくみには，いくつかの技術的な原則がある。

　　(1)　**大数の法則**　保険事故の対象となる火災や死亡などのリスクは，個人にとっては偶然の出来事で予測することができないが，多数の人々からなる集団でみると，発生する確率はある程度予測することができる。集団が大規模になるほど，予測の正確性は高くなる。これを大数の法則という。保険制度では，大数の法則に基づき，リスクの発生や経済的損失を予測し，個々の保険料が決められている。

　(2)　**収支相等の原則**　保険制度では，保険集団のなかで集めた保険料の総額が，支払うべき保険金の総額と等しくなるように事業が運営されなければならない。このように，総収入（保険料総額）と総支出（支払保険金総額）が等しくなければならない原則のことを収支相等の原則という。この原則は，民間保険にのみ適用され，国などから税金が支出される社会保険にはあてはまらない。

　(3)　**給付・反対給付均等の原則**　たとえば火気を扱う工場などは，一般の住宅よりも火災の危険が大きい。病気がちの人は，健康な人よりも病気や死亡の危険が高い。また建築物の価値が高いほど，焼失したときの損害額は大きくなる。リスク発生確率の高い者や保険金額の高い者ほどそれに比例して高い保険料を負担させる原則のことを，給付反対給付均等の原則といい，被保険者が支払う保険料が，受け取る保険金の期待値と一致すべきことを意味している。この原則も，社会保険にはあてはまらない。

2　社会保険と民間保険

保険の分類　保険にはいろいろな分類の仕方がある。最も大きな分類は，「社会保険」と「私保険（民間保険）」の分類である。社会保険は，国の社会保障制度の一部であり，民間保険は私的な保障のための制度である。

図表6-1　社会保険と民間保険

	保険の種類	保険の例
私的保障（民間保険）	個人保険	民間個人年金保険 民間生命保険 民間養老保険 簡易保険 民間医療保険 民間介護保険　など
	企業保険	厚生年金基金 確定給付企業年金 確定拠出企業年金　など
公的保障（社会保障）	社会保険	国民年金 厚生年金 共済年金 労働者災害補償保険 雇用保険 介護保険　など

図表6-2　社会保険と民間保険の相違

		社会保険	民間保険
1	目　　的	生存権保障	生活自己責任の原則
2	原　　理	扶助原理＋保険原理 給付反対給付均等の 原則と収支相等の原 則は，適用されない	保険原理のみ
3	適　　用	強制適用	任意加入
4	給付水準	最低保障，従前所得 の保障。法律で定め られている	契約内容により決ま る
5	費　　用	国庫負担，事業主負 担有り，被保険者の 保険料	加入者の保険料のみ
6	保険料の 負担方式	所得比例／所得によ り軽減あり	所得により変化なし

　個人の生活を保障するしくみの構造は，**図表6-1**のように，社会保障・企業保障・個人保障という三重構造をなしている。たとえば，高齢期の生活保障を例にあげると，土台には国民年金や国民健康保険などの社会保障としての社会保険があり，その上に私的保障として，企業がその従業員と家族のために行う企業年金などの企業保障と，個人が自助努力で任意に契約する個人保険が上乗せされる。

社会保険と民間保険のちがい　社会保険と民間保険には，同じ「保険」として共通する部分もあるが，**図表6-2**のように異なる点も多い。

　民間保険は，個人の「生活自己責任の原則」に基づき，個人が保険会社と私的な契約を締結することによって，自助努力として危険に備えるものである。

　これに対して社会保険は，憲法で保障されたすべての人の「生存権」を保障するために，社会保障制度の一部として国により制度化されているものである。社会保険は，生存権保障を原理とするため，「扶助原理」（生活保障の必要性に応じて保険給付を行う）が適用される。法律により加入が義務づけられているため，民間保険のように，病気や死亡のリスクが高い人でも保険から排除されない。また保険金額や保険の内容は，契約によって個別に決められるのでは

なく，法律で決められる。さらに社会保険は，多く保険料を払った人が多く保険金を受け取るという「給付・反対給付均等の原則」は適用されず，所得比例で保険料が徴収されたり，低所得者に対する減免制度などが設けられている。社会保険の財源には，国や地方公共団体からの税金も支出されているので，「収支相等の原則」もあてはまらない。

| 民間保険の限界 | このような両者の違いから，民間保険には，生活保障という観点からみるといくつかの限界がある。

(1) **主体の非包括性**　民間保険は，様々な生活保障の必要性のあるすべての人をカバーしているわけではない。民間保険への加入は任意であり，とりわけ経済的余裕がなく支払い能力がない場合には加入できない。また，病気や死亡のリスクの高い人や一定年齢以上の人が加入できない場合もある。

(2) **保険事故の非包括性**　民間保険はまた，すべての生活上のリスクの種類・水準をカバーしているわけではない。保険金は個々の契約内容にそくした種類・水準までしか受け取ることができない。保険金を多く受け取ろうとすると，その分保険料が高くなる。

(3) **保険「会社」は営利を目的**　民間の保険会社は，営利を目的として保険業を行っているので，利益の生じる範囲でのみ保険事業を行う。また，保険会社は会社である限り，破綻の可能性もある。

これらの点から，生活保障の基礎的な部分はあくまで社会保障である社会保険が担い，民間保険はその補完的・上乗せ的な役割を担うものであるといえる。

2　民間保険のしくみ

1　民間保険の種類

わが国の民間保険は，大きく分けて「生命保険」（第一分野）と「損害保険」（第二分野）に分類されてきた。これに加えて近年，傷害保険や医療保険など，生命保険と損害保険のどちらにも属さない「第三分野の保険」も発展してきた（図表6-3）。

民間保険といえども公共性を有するものであるため，従来より商法や保険業法などで，保険を実施する主体や保険業をいとなむ際の規制が定められてきた。2008年には，保険法が制定され（2010年4月施行），保険契約に関する商法の古い規定が改められるとともに，傷害疾病保険に関する規定が設けられた。

民間の保険業を行っているのは，主として「会社」である。保険業法では，保険業を行うことができる会社の形態を，株式会社と相互会社に限定している。

図表6-3　民間保険の種類とその例

生命保険	死亡保険	定期保険 終身保険
	生存保険	子ども保険 貯蓄保険 年金保険
	生死混合保険 （養老保険）	
損害保険	火災保険・地震保険	
	運送保険	
	海上保険	
	自動車保険	
	新種保険	原子力損害賠償責任保険 製造物責任保険 新価保険 信用保険 ペット保険 （その他多数）
傷害疾病保険（第三分野の保険）	傷害疾病損害保険	傷害保険 医療保険
	傷害疾病定額保険	がん保険 介護保険　　など

2　生命保険

生命保険とは，人の生死を保険事故とする保険のことをいう。保険法では，生命保険とは「保険契約のうち，保険者が人の生存又は死亡に関し一定の保険給付を行うことを約するもの（…）をいう」（保険2条8号）と定められている。

生命保険では，保険契約者は，自分自身の生死にかかわる保険だけでなく，他人の生死にかかわる保険を契約内容とすることもできる。たとえば，①ある人が，自分が死亡したとき子どもが保険金を受け取るという内容の保険に入ることができる。別の例では，②ある人が，自分ではなく配偶者が死亡した場合に保険金を受け取るという保険に入ることもできる。生命保険では，「生死」の客体になる者のことを「被保険者」と呼ぶ。①では本人が，②は配偶者が被保険者である。

種　類　生命保険には，死亡保険，生存保険，生死混合保険がある。死亡保険は，被保険者の死亡を保険事故とする保険である。目的

のひとつには，家計の担い手の死亡による遺族の生活保障がある。生存保険は，被保険者のある特定の時期の生存（たとえば被保険者が65歳の時など）を保険事故とする保険である。貯蓄保険，個人年金保険，子ども保険などがあり，高齢になった際の経済困難の緩和や，子どもが学齢期になったときに必要となる経済的支出に対する補てんなどを目的とする。生死混合保険（養老保険，生死一体保険ともいう）とは，死亡保険と生存保険を組みあわせたものである。

　なお，保険事故の発生の時期を一定期間に限定するものを「定期保険」といい，期間を限定しないもの（被保険者が死亡するまで）を「終身保険」という。

3　損害保険

　損害保険は，一定の偶発的事故によって生じる損害を補てんするための保険である。保険法は，損害保険契約とは，「保険契約のうち，保険者が一定の偶然の事故によって生ずることのある損害をてん補することを約するものをいう」（保険2条6号）と定めている。

　損害保険の種類には，代表的なものとして，自動車保険，火災保険，地震保険，責任保険，新価保険，再保険などがある。

火災保険・地震保険　火災保険は，建物や家財の損害に備える保険である。現在では，火災による損害だけでなく，台風や豪雨などの風水害による損害を広く補償する内容のものが多くなっている。地震保険は，地震・噴火・津波による建物や家財の損害を補てんするための保険で，火災保険とセットで契約する。地震保険は発生すると支払い規模が大きいため，日本地震再保険会社が再保険し，さらに政府が再保険している。

自動車保険　自動車保険には，加入が義務づけられている自動車損害賠償責任保険（自賠責保険）と，任意に加入するその他の自動車保険とがある。自賠責保険は，自動車損害賠償補償法に基づき加入が義務づけられており，自動車の保有者・運転者が自動車の運行によって他人を死傷させ，法律上の損害賠償責任を負った場合に保険金が支払われる。任意の自動車保険には，対人賠償保険や人身事故傷害補償保険などの「対人」保険と，車両保険などの「対物」保険とがある。

| 再　保　険 | 保険者が，自己の負担する保険責任の一部または全部を，他の保険者に移転して，その保険者に負担させるしくみを再保険と |

いう。

4　傷害疾病保険

　従来，わが国の民間保険は，生命保険と損害保険とに分けられていた。しかし実際には，傷害保険や医療保険など，生命保険でも損害保険でもない分野が存在する。たとえば傷害保険は，「人の生死」を保険事故とするものではないので生命保険とは異なり，また実際の損害総額ではなく保険金が定額で支払われることが多いため，「損害を補てん」する損害保険とも異なる。このような，生命保険でも損害保険ないものを「第三分野の保険」という。代表的なものとして，傷害保険や医療保険のほか，近年では民間の介護保険などがある。

　第三分野の保険は，2008年の保険法の制定により，新たに傷害疾病保険として法律上で明文化されるに至った。傷害疾病保険には，損失てん補型の「傷害疾病損害保険」と，保険給付が定額である「傷害疾病定額保険」の2つの種類がある。

　この種の保険については，生命保険会社と損害保険会社のどちらが扱うのか明確でなかったが，1995年の保険業法改正により，どちらの保険会社も扱うことができると定められた。

5　簡易保険・共済

　民間保険に類似するものとして，簡易保険と共済がある。簡易保険は，旧郵政省，その後日本郵政公社が行っていた簡易生命保険法に基づく生命保険事業であり，低所得者を対象に小口・月掛けの生命保険として発足した。郵政民営化により簡易生命保険法が廃止されたため，2007年10月以降は，新たに簡易保険に加入することはできなくなった。それ以前の簡易保険契約については，独立行政法人郵便貯金・簡易生命保険管理機構に引き継がれている。2018年の法改正により，同機構は「郵便貯金簡易生命保険管理・郵便局ネットワーク支援機構」へと改められた。

　共済事業は，協同組合が保険のしくみを使って行う保険事業であり，組合員の相互扶助のためのものである。農業協同組合，漁業協同組合，生活協同組合，中小企業協同組合などが，それぞれの法律に基づき，所管省庁の認可を受けて行っている。共済の種類には，火災共済，生命共済，年金共済，自動車共済などがある。

3　現状と今後の課題

規制緩和と金融自由化　銀行業，保険業，証券業などの金融業は，1990年代以降，国際競争力を高めることが緊急の課題とされ，いわゆる「金融ビッグバン」と呼ばれる様々な規制緩和と自由化が進められてきた。

　民間保険の分野では，1995年の保険業法の全面改正をはじめ，1998年の金融システム改革法，2000年および2003年の保険業法改正などにより，様々な規制緩和が図られた。生命保険と損害保険の「兼業の禁止」規制の緩和（子会社方式による生損保相互参入）や，保険商品の銀行窓販（銀行窓口でも保険を販売すること）の一部解禁，さらには保険会社，銀行，信託会社などの相互の参入規制が

COLUMN　生命保険への非加入の理由は「経済的余裕のなさ」

　生命保険文化センターの実施する『平成30年度生命保険に関する全国実態調査』によると，生命保険の世帯加入率は88.7％と９割近くに達するが，若い世代を中心にやや低い傾向にある。生命保険に加入しない理由や解除する理由としては，「経済的要因」の割合が最も高い。

　生命保険に加入していない世帯にその理由を尋ねたところ，「経済的余裕がない」（35.8％）が最も多く，次いで「現時点では生命保険の必要性をあまり感じない」（25.6％），「健康上の理由や年齢制限のため加入できない」（20.2％）の順となっている。また，過去３年間に生命保険を解約・失効した世帯の解約・失効理由は，「他の生命保険に切り替えたので」（33.0％）に次いで「掛金を支払う余裕がなくなったから」（31.9％）が多くなっている。解約返戻金の使途は，「生活費にあてた」（24.8％）が最も高い（「解約返戻金はなかった」（25.6％）を除く」）。

　このように，経済的に余裕がない世帯や，必要性はあるが高齢であったり病気を有しているために，民間保険に入ることができない，あるいは解約せざるをえない世帯が少なからず存在しているといえる。

しだいに緩和されてきた。また，保険会社の経営基盤を強化するため，相互会社を株式会社に転化するための制度の整備なども行われている。

保険契約者の保護　他方で，保険契約者の保護がますます重要な課題になっている。

　2001年に施行された「消費者契約法」と「金融商品の販売等に関する法律」は，消費者保護の立場から，たとえば不適切な説明により「誤認」して契約した場合の契約取消しや，顧客に十分な説明をしなかったために損害が生じた場合の損害賠償責任などを規定している。また2000年の保険業法改正では，万が一保険会社が破綻した場合の保険契約者保護のための法整備が行われ，その一環として保険契約者保護機構が設立された。2008年には新たに「保険法」が制定され，保険契約者の保護を図る観点から，①保険法の規定よりも不利な内容の約款を無効とすること（保険 7 条・36条ほか），②告知制度に関する規定が見直され，保険契約者は保険会社から告知を求められた事項のみ告知すればよいこと（保険 4 条など），③保険金の支払い時期に関する規定などが新たに定められた。最近では，2014年の保険業法改正（2016年 5 月施行）により，民間保険の信頼性の強化が目指され，保険募集に関する基本的ルールの創設，募集人に対する規制の強化，保険代理店に対する体制整備義務などが定められた。これにより，保険募集の際の顧客の意向把握義務や情報提供義務なども導入されている。

社会保障改革の動向　一方で，国の社会保障制度改革の動向をみると，「自助」「共助」が強調されるなど，公的な保障を縮小して私的な備えや民間の役割を一層重視する方向での改革が進められてきた。たとえば，公的年金や公的医療保険，介護保険などの社会保険の給付水準や給付範囲は縮減され，保険料や利用者の費用負担は引き上げられている。このため個人は，高齢や病気になった際の保障の一部を，自助努力としての民間保険に頼らざるをえないという傾向も強まっている。

　しかし，前述のとおり民間保険には生活保障という点では限界がある。また実態をみても，民間保険の非加入や解約の理由は「経済的余裕がない」が高い割合を占めている（前頁 COLUMN 参照）。貧困や格差の拡大が今なお問題と

なっている現在，誰もが安心して生活することができるよう，社会保険の一層の拡充が求められているといえよう。

【高田清恵】

◎さらに深く学ぶための参考文献

山下友信・竹濱修・洲崎博史・山本哲生『保険法〔第4版〕』有斐閣，2019年
　法律的な観点から保険業や保険契約について学べる教科書。
生命保険文化センター『平成30年度「生命保険に関する全国実態調査」』財団法人生命保険文化センター，2018年
　生命保険の加入実態や一般世帯の意識などに関する最新の調査報告書。同センターのHP（http://www.jili.or.jp/）からも入手できる。
下和田功編『はじめて学ぶリスクと保険〔第4版〕』有斐閣，2014年
　リスクと保険の基礎的な構造について学べる入門書。

第7章　社会福祉とは

1　社会福祉の目的と対象

目　的　社会福祉を定義するならば，「社会福祉とは，私たちが人生のあらゆる場面で幸せな生活を送ることができるようにする社会的施策である」ということができる。その意味で，社会福祉の目的は，「自らの生きる力を引き出し，その人なりの生活の再構築などを支援し，幸せを実現すること」である。そして，現実にその人がどのような支援を必要とする状態にあるかどうかによって，福祉サービスの内容を考えていかなければならない。

社会福祉の意味　社会・Social は，人々が抱える生活問題や課題を個人の責任ではなく，社会全体の枠組みからとらえることを示唆している。福祉・Welfare は，「よい」という well と「いく」という fare の合成語で，「幸せに資する」という幸福の意味がある。かつて，福祉は限定された人々への援助であった。現在の福祉は，「良好な状態にあること」を意味する Well-being を目的に，広く個人の権利として保障が行われている。ちなみに，社会保障との関係では，社会福祉は社会保障の一部とする見解や，社会福祉は社会保障を含む生活関連の公共施策を総括した概念とする見解がある。

対　象　人生のなかで私たちはいろいろな場面に遭遇する。たとえば，就学，就職，結婚，出産，育児，転職，転勤，定年などの場面である。加えて，病気やけがなど不慮の事故にであったり，高齢期には介護が必要になったり，認知症の発症などの可能性がある。そのようなとき，社会福祉施策による支援を必要とする場面が多く出てくるであろう。その意味では，誰もが社会福祉の対象となりうる。

2　社会福祉の歴史的変遷

福祉三法期　社会福祉の歴史は，1920年に内務省内に「社会局」が設置されたことに始まる。当時は，社会福祉ではなく社会事業であった。

　現在の社会福祉の基礎となる社会福祉法制度は，第二次世界大戦以後，憲法25条に基づいて制定された。1950年から1955年までに，戦傷病者や生活困窮者の保護と救済を目的とした「福祉三法」が制定された。

　「福祉三法」とは，「(旧) 生活保護法」，「児童福祉法」，「身体障害者福祉法」である。なお，生活保護法は1950年の改正で「(新) 生活保護法」となった。また，1951年には，社会福祉事業全分野の共通的事項を定めた社会福祉事業法（現在の社会福祉法）が制定され，同年にアメリカから紹介された「コミュニティ・オーガニゼーション」の理念に基づいて社会福祉協議会が設置された。

福祉六法期　1955年以降，高度経済成長期に入り，核家族化や都市化，共働き家族の増加，高齢化などの問題に対応するため，先述した福祉三法に新たな3つの法律が加えられ「福祉六法」となった。

　福祉六法とは，先の「福祉三法」に，「精神薄弱者福祉法」，「老人福祉法」，「母子福祉法」を加えた法律をいう。この福祉六法は，社会福祉や社会保障の重点やその対象を，戦後の生活困窮者から精神障害者や高齢者，母子を対象に拡大した。今日の社会福祉体系はこの「福祉六法」が中心となっている。

福祉充実期から福祉見直し論へ　1970年以降，日本の社会福祉費用は大幅に増額された。とくに1973年度は，政府の方針が，経済成長優先から福祉優先への転換が図られ，「福祉元年」と呼ばれた。

　ところが，1973年秋，第一次オイルショックをきっかけに，社会福祉予算を抑制し，「福祉見直し論」を提起した。しかし，家族機能や地域の相互扶助の弱体化などが社会問題として注目され，「社会福祉の充実」への要求が高まっていった。そこで，個人の自助努力，家族や近隣との相互扶助連帯を重視した「日本型福祉社会」という，新たな日本独自の社会福祉体制を構築しようとし

図表7-1　福祉年表

1946（S21）年	（旧）生活保護法施行
1947（S22）年	日本国憲法施行／児童福祉法施行
1948（S23）年	民生委員法施行／母体保護法施行
1949（S24）年	身体障害者福祉法施行
1950（S25）年	生活保護法施行（（旧）生活保護法を改正）／精神衛生法※1施行
1951（S26）年	社会福祉事業法施行
1960（S35）年	精神薄弱者福祉法施行／身体障害者雇用促進法※2施行
1961（S36）年	児童扶養手当法施行
1963（S38）年	老人福祉法施行
1964（S39）年	母子福祉法※3施行／重度精神薄弱児扶養手当法施行
1965（S40）年	母子保健法施行
1972（S47）年	児童手当法施行
1973（S48）年	老人医療費支給制度開始
1981（S56）年	母子及び寡婦福祉法※4施行（※3を改正・改称）
1983（S58）年	老人保健法施行
1984・S59）年	社会福祉・医療事業団法施行
1987（S62）年	精神保健法施行（※1を改正・改称）／障害者雇用促進法（※2を改正・改称）
1988（S63）年	社会福祉士及び介護福祉士法施行
1989（H1）年	ゴールドプラン策定
1990（H2）年	福祉関係八法改正
1993（H5）年	障害者基本法施行（心身障害者対策基本法を改正・改称）
1994（H6）年	エンゼルプラン策定／新ゴールドプラン策定
1997（H9）年	児童福祉法の一部改正／精神保健福祉士法施行
1999（H11）年	ゴールドプラン21策定／新エンゼルプラン策定
2000（H12）年	社会福祉法改正（社会福祉事業法の改称）／介護保険法施行／児童虐待防止法施行
2001（H13）年	DV防止法施行
2002（H14）年	健康増進法施行／ホームレスの自立の支援等に関する特別措置法施行
2003（H15）年	支援費制度施行
2005（H17）年	介護保険法改正
2006（H18）年	障害者自立支援法※5施行／高齢者虐待防止法施行
2009（H21）年	障害者雇用対策基本方針策定
2011（H23）年	障害者基本法改正
2012（H24）年	障害者虐待防止法施行
2013（H25）年	障害者総合支援法施行（※5を改正・改称）／地域包括ケアシステム
2014（H26）年	子どもの貧困対策法施行／母子及び父子並びに寡婦福祉法施行（※4を改正・改称）／地域医療介護総合確保推進法施行
2015（H27）年	生活保護法改正／生活困窮者自立支援法施行
2016（H28）年	障害者差別解消法施行／ニッポン一億総活躍プラン
2017（H29）年	「地域共生社会」の実現に向けて　公表
2020（R2）年	地域共生社会の実現のための社会福祉法等の一部を改正する法律

た。そして，1981年頃から，社会参加やノーマライゼーションの理念が注目されるようになり，地域福祉や在宅福祉の視点が取り入れられていった。

福祉関係八法の改正　1989年の1.57ショックから，少子高齢化が深刻化していった。1990年には「児童福祉法」，「身体障害者福祉法」，「知的障害者福祉法」，「母子及び寡婦福祉法」，「老人福祉法」，「社会福祉事業法」，「老人保健法」，「社会福祉・医療事業団法」のいわゆる「福祉関係八法」が一括改正された。この一括改正によって，戦後，長期にわたって実施された福祉政策を見直し，住民の生活に身近な市町村に合った福祉政策を展開することが確認された。

社会福祉基礎構造改革　社会福祉基礎構造改革は，1997年に始まった厚生省（現，厚生労働省）・社会援護局長の私的懇談会「社会福祉事業のあり方に関する検討会」から発展した。1998年，同省がその「中間まとめ」を提出した。そこでは，社会情勢の変化や国民の福祉へのニーズに対応する新しい社会福祉システムの構築の必要性を掲げている。また，サービス利用について，「措置制度」を見直し，利用者の選択権に基づく「契約制度」に転換することや，福祉制度への市場原理（競争原理）を導入した多様な事業体の参入を促進する意図があった。それらの実現は，まず1997年の「児童福祉法」の改正による，入所措置から保育の実施とする契約制度となって現れた。2000年に施行された「介護保険法」は，社会保険方式をとり，「措置から契約へ」が実施された。そして同年には，社会福祉事業法が「社会福祉法」に改正・改称された。

「社会福祉法」は，その目的を「福祉サービスの利用者の利益の保護」，「地域における社会福祉の推進を図る」，「社会福祉事業の公明かつ適正な実施の確保」，「社会福祉を目的とする事業の健全な発達を図」るとしている（社福1条）。

支援費制度の導入　2003年，障害児・者に「支援費制度」が導入された。その目的は，利用者のサービス選択と利用者負担の方法，サービス費用の支給方式を見直す目的があった。その後，さらに見直しがされ，2006年に「障害者自立支援法」が施行された。

障害者自立支援法　本法は，「利用者本位」や「自己決定と選択の自由」などの理念とともに，それまで，身体・精神・知的という３つの障害別で行われていたサービスを一元化することや，自立した生活を支援するものとして，就労支援，地域資源を活用するとしている。これによって，児童福祉法も改正され，障害児施設の利用については保護者と施設の契約方式となるなど，「支援費制度」は「自立支援給付方式」に移行した。同時に，本法では，「障害者程度区分」によって，障害の程度に応じたサービス提供がなされることになった。また，サービスを受ける障害者自身が，支払い能力に関係なく負担するという「応益負担」という自己負担が定められた。

なお，障害者自立支援法は，「障害者の日常生活及び社会生活を総合的に支援するための法律」（略称，障害者総合支援法）に改正・改称し，2013年4月1日に施行された。その主旨は，「障害者制度改革推進本部等における検討を踏まえて，地域社会における共生の実現に向けて，障害福祉サービスの充実等障害者の日常生活及び社会生活を総合的に支援するため，新たな障害保健福祉施策を講ずるものとする」としている。

改正の主な点は，①障害者の定義に難病などが追加されたこと，②「障害程度区分」が，「障害支援区分」になったこと，③サービスを受ける障害者自身が，支払い能力に応じて負担する「応能負担」になったことなどである。なお，2014年4月1日からは，重度訪問介護の対象者の拡大，ケアホームのグループホームへの一元化なども実施されている。

母子福祉から母子父子の福祉へ　戦後，主に遺家族となった母子家庭への支援法制度であった「母子及び寡婦福祉法」は，時代の流れのなかで父子家庭も対象とした「ひとり親家庭等の自立支援施策」をとるため法改正がされた。「母子及び父子並びに寡婦福祉法」と改称し，2016年4月1日に施行された。ひとり親家庭への自立支援施策は，①子育て・生活支援策，②就業支援策，③養育費確保策，④経済的支援策の四本柱を掲げている。

地域包括ケアシステム　地域包括ケアシステムは，認知症高齢者の増加が見込まれるわが国において，地域に生活する高齢者の住まい・医療・介護・予防・生活支援を一体的に提供するためのケアシステムをいう。地

域包括ケアシステムは，高齢者が重度の要介護状態となっても，住み慣れた地域で自分らしい生活を人生の最後まで継続できるよう，各市町村の地方行政単位で地域別に異なる高齢者のニーズと医療・介護の実情を正確に把握し，豊かな老後生活に向けて，住民や医療・介護施設などと連携・協議し，地域の多様な主体を活用して高齢者を支援するしくみである。なお，国は，団塊の世代が75歳以上となる2025年をめどに実現を目指している。

| 福祉サービス の提供 | 福祉サービスの提供については，「社会福祉法」によって規定されている。福祉サービスは従来から，利用者への影 |

響の大きさにより，第1種社会福祉事業（入所施設サービス）と第2種社会福祉事業（在宅福祉サービス）に分けて運営している（社福2条）。第1種社会福祉事業は，利用者の権利侵害などの危険性が高いため，その経営主体を原則として国・地方公共団体および社会福祉法人に限っている（社福60条）。第2種社会福祉事業は，利用者の権利侵害などの危険性が比較的少ないと考えられる事業とのため経営主体はとくに限定されていない。

| 第三者評価 | また，社会福祉法では「福祉サービスの適切な利用」として，情報の提供（社福75条）で，利用契約の申込み時の説明 |

（社福76条），利用契約成立時の書面の交付（社福77条），福祉サービスの質の向上のための措置等（社福78条），誇大広告の禁止（社福79条）のほか，「福祉サービス利用の援助等」として社会福祉事業の経営者による苦情の解決（社福82条）について規定しており，事業経営者の苦情解決の責務の明確化や第三者が加わった施設内の苦情を解決する「第三者評価」や，福祉サービスに対する利用者の意見や苦情を聞き，サービス改善へとつなげるしくみの整備の必要性を規定するなど，福祉サービスにおける契約やサービス提供において，利用者の不利益が生じないようにしている。

3　今後のゆくえ

生活困窮者の保護・救済を目的として始まった社会福祉制度は，社会福祉基礎構造改革（124頁）により，福祉サービス利用のシステムが措置制度から契約

図表 7 - 2　地域共生社会の実現に向けての概要

【「地域共生社会」とは】

◆制度・分野ごとの『縦割り』や「支え手」「受け手」という関係を超えて、地域住民や地域の多様な主体が『我が事』として参画し、人と人、人と資源が世代や分野を超えて『丸ごと』つながることで、住民一人ひとりの暮らしと生きがい、地域をともに創っていく社会

【改革の背景と方向性】

公的支援の『縦割り』から『丸ごと』への転換	『我が事』・『丸ごと』の地域づくりを育む仕組みへの転換
○個人や世帯の抱える複合的課題などへの包括的な支援 ○人口減少に対応する、分野をまたがる総合的サービス提供の支援	○住民の主体的な支え合いを育み、暮らしに安心感と生きがいを生み出す ○地域の資源を活かし、暮らしと地域社会に豊かさを生み出す

【改革の骨格】

地域課題の解決力の強化	地域を基盤とする包括的支援の強化
○住民相互の支え合い機能を強化、公的支援と協働して、地域課題の解決を試みる体制を整備【29年制度改正】 ○複合課題に対応する包括的相談支援体制の構築【29年制度改正】 ○地域福祉計画の充実【29年制度改正】	○地域包括ケアの理念の普遍化：高齢者だけでなく、生活上の困難を抱える方への包括的支援体制の構築 ○共生型サービスの創設【29年制度改正・30年報酬改定】 ○市町村の地域保健の推進機能の強化、保健福祉横断的な包括的支援のあり方の検討

「地域共生社会」の実現

○多様な担い手の育成・参画、民間資金活用の推進、多様な就労・社会参加の場の整備 ○社会保障の枠を超え、地域資源（耕作放棄地、環境保全など）と 丸ごとつながることで地域に「循環」を生み出す、先進的取組を支援	○対人支援を行う専門資格に共通の基礎課程創設の検討 ○福祉系国家資格を持つ場合の保育士養成課程・試験科目の一部免除の検討
地域丸ごとのつながりの強化	専門人材の機能強化・最大活用

【実現に向けた工程】

平成29（2017）年：介護保険法・社会福祉法等の改正 ○市町村による包括的支援体制の制度化 ○共生型サービスの創設 など	平成30（2018）年： ○介護・障害報酬改定：共生型サービスの評価 など ○生活困窮者自立支援制度の強化	平成31（2019）年以降：更なる制度見直し	2020年代初頭：全面展開

【検討課題】
①地域課題の解決力強化のための体制の全国的な整備のための支援方策（制度のあり方を含む）
②保健福祉行政横断的な包括的支援のあり方
③共通基礎課程の創設 等

出所：厚生労働省 HP，報道発表資料2017年 2 月 7 日

制度に転換され，民間企業も含めた多様な供給主体の参入が促進された。このようななか厚生労働省の「我が事・丸ごと」地域共生社会本部は2017年 2 月，「地域共生社会の実現に向けて」をとりまとめ公表した（**図表 7 - 2**）。

　改革では，2017年に介護保険法，障害者総合支援法，児童福祉法，社会福祉

法を改正し、市町村による包括支援体制の制度や介護保険に「共生型サービス」の創設、地域福祉の充実等を行い、2018年に介護・障害者報酬改定（共生型サービスの創設にともなう基準・報酬等）、生活困窮者自立支援制度の強化が示された。また、これらと並行して地域課題の解決能力の体制整備や保健・福祉行政における包括的支援のあり方等が検討された。

　国が「地域共生社会」を提案する背景には、今後、急速に進む高齢化や人口減少によって、地域・家庭・職場における支え合いの基盤が弱まると予想され、人と人とのつながりを再構築する必要があるという認識からである。支え合いの基盤を再構築することによって、人生における様々な困難に直面した場合でも、互いに支え合うことで孤立せず、その人らしい生活を送ることができるとして、地域共生社会の実現を掲げている。

　こうした地域共生社会の提案を受け、図表7‐2に示すように、保健・医療・福祉の領域における専門人材について、新たな共通基礎課程の創設（1人の人材が複数の資格を取得しやすくなる）が検討され実施が目指されている。地域全体で支え合いの基盤を再構築するというパラダイムシフトが展開されようとしている。

　このように国は、「地域における我が事・丸ごと」の主体的な実践への環境を作り、そのために介護保険法など関係法制度・施策の転換を図っていくとしている。だが、国や地方公共団体の責務の所在がいまだ不明瞭であるため、その責務を明確にしていくことが、今後の課題となるであろう。

【三好禎之】

◎さらに深く学ぶための参考文献
三好禎之編『初めての社会福祉論』法律文化社、2016年
　初めて学ぶ読者にもわかりやすく社会福祉の歴史や動向が解説されている。
古橋エツ子編『新・初めての人権』法律文化社、2012年
　人権と社会福祉など法的根拠と事例が解説されている。

第8章　児童福祉

1　児童福祉とは

　児童福祉とは，子どもの健全育成，福祉の増進を目的に，基本的人権として
の子どもの生存権を保障することである。日本は，終戦直後の戦災孤児や浮浪
児の増加が緊急対処すべき重要課題となり，児童福祉法が1947（昭和22）年に
制定，1948年1月に施行した。その後，子どもを取り巻く環境の変化や子育て
ニーズも多様化したため，2015年以降，児童福祉法の理念規定は見直された。

　児童福祉法1条では「全て児童は，児童の権利に関する条約の精神にのつと
り適切に養育されること，その生活を保障されること，愛され，保護されるこ
と，その心身の健やかな成長及び発達並びにその自立が図られることその他の
福祉を等しく保障される権利を有する」，2条では「全て国民は，児童が良好
な環境において生まれ，かつ，社会のあらゆる分野において，児童の年齢及び
発達の程度に応じて，その意見が尊重され，その最善の利益が優先して考慮さ
れ，心身ともに健やかに育成されるよう努めなければならない」と規定し，児
童の保護者は第一義的責任を負い，国および地方公共団体は，保護者と共に児
童を心身ともに健やかに育成する責任を負う，と明記した。

子育て支援施策　わが国が，少子化対策として子育て支援策を積極的に行
うようになったのは，1989年の1.57ショック（9頁
COLUMN参照）からである。1994年に「エンゼルプラン」，2004年には「子ど
も・子育て応援プラン」が策定されたが，合計特殊出生率は2005年に1.26まで
低下し過去最低となった。その後に微増したものの，減少に転じた。そこで，
政府は，保育所整備などの子育て支援サービスの拡充，長時間労働の改善な

ど，男性の働き方の見直しも含めた仕事と生活の調和「ワーク・ライフ・バランス」を推進し，2019年10月からは，幼児教育・保育の無償化も実施しているが，合計特殊出生率は2022年に1.26，出生数は過去最低となった。

保育への整備　厚生労働省が担っていた保育行政は，2015年4月から内閣府が統括する新保育制度に移行し，保育サービスは**子ども・子育て支援制度**に基づく「保育の必要性の認定」のしくみと併せて給付のしくみが一本化・整備された。支援給付は，**施設型給付**（認定子ども園・幼稚園・保育所），**地域型保育給付**（小規模保育・家庭的保育・居宅訪問型保育・事業所内保育），**児童手当**などがある。これらの保育に関する支援給付には，早朝・夜間などの延長保育などの支援の他に，保育施設に通っていない地域の親子を対象に，**地域子育て支援拠点事業**・子育てひろばや子育て情報の提供をするなどの取り組みがある。

2　児童福祉のしくみと現状

1　保育サービスのしくみ

保育所への入所　保育サービスの中心的なサービスは保育所による保育である。保育所の利用方法は，1997年の児童福祉法改正により，市町村の「措置」による行政処分を残しながら契約制度に変更された。保育の実施は，まず親・保護者が，市町村と保育所の双方が行う保育に関する情報を得たうえで，希望する保育所を選択する。市町村は親・保護者からの申込みが，保育の実施基準を満たし，かつ保育所に受入れ能力があるときは，その希望する保育所で保育しなければならない。しかし，入所を希望しながら保育所の定員オーバーのため保育所の空きを待つ「待機児童」がいることや，少子化や子どものいる家庭を取り巻く地域社会の変化にともない，児童福祉法をベースにより広く保育を必要とするシステムが求められることとなった。

児童福祉法の改正　2012年，児童福祉法24条は，保育所入所要件が「保育に欠ける」から「保育を必要とする」へと大幅改正がされた。同時に，市町村による保育の実施が，児童福祉法とともに，「子ど

も・子育て支援法」の定めるところとし，保育所での保育と併せて後述の「認定こども園」や「家庭的保育事業」などにより，保育を確保する措置が市町村の実施義務と明記された。

なお，2015年度から実施された「**保育の必要性の認定**」のしくみは「事由」「区分」「優先利用の有無」について認定基準を設け，従来の「保育に欠ける」要件になかった「求職」や「虐待」などの項目が入り，市町村の実態を踏まえつつ運用されている。

保育の実施基準 保育の実施基準は，2015年4月から「保育を必要とする」家庭を対象としている。親・保護者が，①就労（フルタイムのほか，パートタイム，夜間など基本的にすべての就労に対応。一時保育で対応可能な短時間の就労は除く），②妊娠，出産，③保護者の疾病，または精神もしくは身体に障害を有している，④同居または長期入院等している親族の常時介護・看護（兄弟姉妹の小児慢性疾患にともなう看護など），⑤災害復旧，⑥求職活動（起業準備を含む），⑦就学（職業訓練校等における職業訓練を含む），⑧虐待やDVの恐れがあること，⑨育児休業取得時に，すでに保育を利用している子どもがいて継続利用が必要であること，⑩その他，市町村が定める事由に該当する場合などである。

保育の形態 児童福祉法39条の「保育所」は，「保育を必要とする乳児・幼児を日々保護者の下から通わせて保育を行うことを目的とする施設」と定めており，同法の保育は3つの形態をとっている。

第1の形態は，市町村が保育所において保育を行う義務を負うという改正前の形を維持する。

第2の形態は，認定こども園および家庭的保育事業などによる保育は，市町村が，自ら行う事業を除いて保育を行う義務を負わない。そのため，親・保護者は施設・事業者と直接利用契約をすることで保育所利用関係が成立する。

第3の形態では，市町村は，保育を必要とする乳幼児が，やむを得ない事由により，保育を受けることが著しく困難である場合には，市町村が保育の委託を行い，いわゆる措置をすることとなる。

2　保育サービスの現状

保育所の現状　2022年4月1日現在，保育所利用児童数は274万9899人と前年に比べ約1万2172人の減少となっている。都市部や地方都市においては，保育所不足で待機児童が5634人いる。なかでも，1〜2歳児が77.2%を占めている。そのため，保育所に入るための「保活」が行われている。

待機児童対策　待機児童対策は，2008年の「新待機児童ゼロ作戦」により認可保育所の設置・運営に関して規制緩和が行われた。保育所に加え，市町村の委託を受けた保育の資格を有する人の家庭に子どもを預ける家庭的保育（保育ママ），認定こども園，認可外保育所，事業所内保育施設などの充実，幼稚園の預かり保育，地方公共団体が独自に助成している認証保育園などの活用が進められている。しかし後述の「児童福祉の課題」で述べるように，良質な保育サービスの提供とは言いがたい状況や課題がある。

保育サービスの多様化　少子化のなかで，保育所への入所を希望する親・保護者は増加し，様々な保育機能が求められ，かつ，利用しやすい保育所が求められている。現在の公的保育は，認可保育所で実施する「通常保育」，加えて，地域の特性や住民ニーズに対応するために「保育対策等促進事業」や「子ども・子育て支援法」に基づく補助金や交付金により実施する特別保育事業などがある。保育対策等促進事業は，子育てにおける負担の軽減や仕事と子育ての両立支援などを総合的に推進するために実施されている事業で，次のような育児支援，保育サービスの充実を図っている。

　(1)　**延長保育**　保護者の就労形態の多様化や通勤時間などにともない延長保育の要望が高いため，実情に応じて通常の原則11時間を超えた保育を行っている。

　(2)　**休日・夜間保育**　休日・夜間保育事業は，親・保護者の休日勤務により保育を行う。実施場所は，保育所のほか，公共施設の空き部屋などでも可能。

　(3)　**一時保育**　一時保育の対象は，親・保護者の疾病などで家庭での世話が，一時的に困難になった乳児および幼児である。

　(4)　**病児・病後児保育**　病児保育は，就労している親・保護者のために病

図表 8 - 1　認定こども園の機能

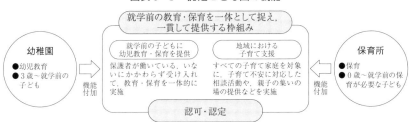

認定こども園の 4 分類
- 「幼保連携型」…幼稚園的機能と保育所的機能の両方の機能をあわせ持つ単一の施設として，認定こども園としての機能を果たすタイプ。
- 「幼稚園型」……認可幼稚園が，保育が必要な子どものための保育時間を確保するなど，保育所的な機能を備えて認定こども園としての機能を果たすタイプ
- 「保育所型」……認可保育所が，保育が必要な子ども以外の子どもも受け入れるなど，幼稚園的機能を備えることで認定こども園としての機能を果たすタイプ
- 「地方裁量型」…幼稚園・保育所いずれの認可もない地域の教育・保育施設が，認定こども園として必要な機能を果たすタイプ

出所：内閣府 HP「認定こども園概要」(http://www8.cao.go.jp/shoushi/kodomoen/gaiyou.html, 2021年 8 月確認)

気の子どもや回復期の子どもを対象としている。

3　認定こども園

幼保の一体化　　かつて，幼稚園と保育所が制度的に二元化されてきたが，保育所は待機児童が増加し，幼稚園は利用児童が年々減少している。さらに，保育所を利用する共働き家庭などからの幼児教育のニーズの高まりを受けて，幼保一体化の動きが進んでいった（**図表 8 - 1 を参照**）。

認定こども園の誕生　　「就学前の子どもに関する教育，保育等の総合的な提供の推進に関する法律」の2006年施行により「認定こども園」が誕生した。幼稚園と保育所の機能を一体的に運営する施設として 4 つの類型からなっている。認定こども園の設置は，就学前の子どもへの幼児教育・保育の提供と地域における子育て支援の 2 つの機能を有することで効率的な運営を目指していたが，制度の普及啓発などについて改善が求められた。

　そこで2015年 4 月の認定こども園法の改正により，「**幼保連携型認定こども園**」は所管が内閣府となり，認可・指導監督が一本化され，円滑な運営が見込まれている。同園は児童福祉法に基づく児童福祉施設と教育基本法 6 条 1 項に

基づく学校，社会福祉法に基づく第二種社会福祉事業を行う施設として位置づけられた。職員は，保育士資格と幼稚園教諭免許を有する「保育教諭」が配置され，乳幼児の保育と就学前教育が保障されることとなった。

認定こども園
の課題　しかし，保育所と幼稚園を制度的に一体化するのは，入園の申込みや選考が，親・保護者と施設との直接契約になることから，定員を超える申込みがあった場合，障害のある子どもや特別な支援を要する子どもが排除されるおそれがある。また，待機児童の約8割は2歳児未満が占めているにもかかわらず，認定こども園は0歳から2歳児の受け入れが義務づけられていない。保育従事者の資格，施設設備の基準などの問題が山積するなかで，個別的なかかわりが必要という養護的な視点が規制緩和のもとで弱くなることが危惧されている。国は，既存の認定こども園の拡大と普及を目指しており，2022年4月現在，認定件数は9220か所と前年度の8585か所から635か所増加した。だが，規制緩和が進むなかで保育サービスの拡大とともに，保育の質の向上が課題となっている。

4　子育て支援サービス

子育て支援
サービス　2003年施行の「次世代育成支援対策推進法」により，すべての子育て家庭への支援が位置づけられた。そこで，子育て中の親子が，相談，交流，情報交換などができる「つどいの広場事業」や子育てへの専門的な支援を行う「地域子育て支援拠点事業・連携型」などが実施された。また，就学前および学童期の子どもの送迎や放課後保育を行う「ファミリー・サポート・センター」や児童館などを利用する「放課後児童クラブ」（学童保育）の設置も推進されている。今後も，親・保護者と地域のニーズに合わせた気軽に利用できる子育て支援サービスへの柔軟な支援が必要とされる。

児童福祉施設　児童福祉施設は，子どもたちに適切な環境を提供し，保護，養育，訓練および育成などを中心に児童の福祉を図る施設である。児童福祉施設には，助産施設，乳児院，母子生活支援施設，保育所，**幼保連携型認定こども園**，児童厚生施設，児童養護施設，障害児入所施設，児童発達支援センター，**児童心理治療施設**，児童自立支援施設および児童

家庭支援センターなどがある（児福7条）。助産施設，母子生活支援施設以外は，家庭や子ども自身に問題のある場合に児童相談所からの措置により入所する。乳児院，児童養護施設，母子生活支援施設などでは，親・保護者が仕事や疾病などで子どもの養育が一時的に困難となった場合の短期入所生活援助（ショートステイ）事業を実施している。また，ドメスティック・バイオレンス（以下，DVという）の被害にあった母子には，母子生活支援施設が受け入れを行っている。

障害児福祉
サービス

障害児については，障害の特性や発達に即して適切な教育や指導が必要である。そのため，サービスを行う施設として，知的障害児施設，知的障害児通園施設，盲ろうあ児施設，肢体不自由児施設，肢体不自由児通園施設，重症心身障害児施設などがある。2012年度より，障害児施設一元化が行われた。障害児入所施設には，福祉型障害児入所施設，医療型障害児入所施設がある。通所施設の児童発達支援センターには，福祉型児童発達支援センターと医療型児童発達支援センターがある。

　なお，障害児福祉サービスの供給体制は，市町村が担当する。このサービス供給は，2003年の障害者支援費制度，2006年の「障害者自立支援法」の施行により，契約制度に移行した。さらに，2013年に「障害者総合支援法」に改称・施行された。2018年度からは，外出することが困難な重度の障害児には**居宅訪問型児童発達支援**が行われる。このほか，親・保護者の経済的負担を軽減するため，特別児童扶養手当，障害児扶養手当が支給される。

3　子どもをとりまく課題

児　童　虐　待

(1)　児童虐待防止法　　児童相談所の虐待相談件数は，1990年は年間1101件であったが，2000年に「児童虐待の防止等に関する法律」（略称，児童虐待防止法）の施行後に急増した。その後，増加の一途をたどり，2021年には20万7660件となった。虐待による死亡事件も後を絶たず，虐待予防のために法改正がされ，各関係機関の連携など，児童虐待防止対策の充実，強化を図っている（**図表8-2**）。

136

図表8-2　市区町村における児童等に対する必要な支援を行う体制の関係整理（イメージ図）

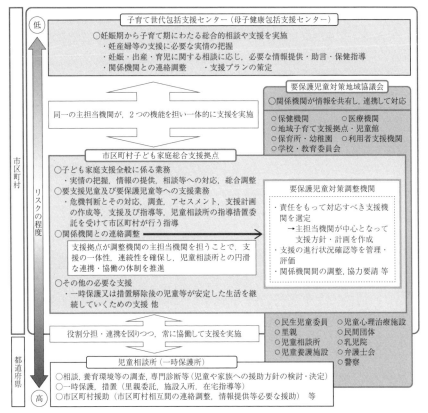

出所：厚生労働省子ども家庭局「市町村・都道府県における子ども家庭総合支援体制の整備に関する取組状況について（追加資料）」（2018年10月）

　(2)　**被虐待児の保護**　　全国に230か所（2023年2月現在）設置されている児童相談所は，相談援助，調査の結果，虐待を受けた子どもを緊急に保護する必要があると認めた場合に一時保護を行う。一時保護は，児童相談所の一時保護所を利用する場合と，乳児院・児童養護施設などの児童福祉施設への措置や里親登録をしている養育里親・専門里親などに委託する場合とがある。児童虐待の防止，子どもの権利利益を擁護する観点から，親権喪失や親権停止の審判をすることができる（民法834条・834条の2）。

　（3）　**虐待防止策**　　地域に密着した児童虐待防止策としては，市町村が設置する「**要保護児童対策地域協議会**」がある（児福25条の２）。協議会のメンバーは児童福祉司，保健師，保育士などの専門職の配置を義務づけている。なお，市町村，児童相談所，保育所，幼稚園，学校，民生委員，児童委員，人権擁護委員，保健所，精神保健福祉センター，児童家庭支援センター，警察，医療機関，消防署，福祉事務所，NPOなどで，虐待ケースに応じて支援にあたる。

ひとり親家庭　　ひとり親家庭への支援施策は，「**母子及び父子並びに寡婦福祉法**」に基づき，母子・父子家庭の自立支援に対する総合的なサービスとして，子育てと生活支援，就業支援，養育費の確保，経済的支援を実施している。母子・父子家庭の経済的支援には，母子父子寡婦福祉資金貸付金制度がある。母子家庭のみに支給されていた児童扶養手当が，2010年度から父子家庭に対しても支給され，さらに2014年度から，父（男性）も国民年金の**遺族基礎年金**の支給対象となった。また，母子・父子家庭を対象に保育所の優先入所，家庭生活支援員派遣制度，子育て短期支援事業として**ショートステイやトワイライトステイ事業**など，自立支援のための制度が整備されてきた。さらに，福祉事務所に配置された母子・父子自立支援員による自立に必要な情報提供や相談などの支援も行われている。

児童福祉の課題　　今後の児童福祉の課題として，以下の３点をあげる。第１に，わが国は1994年に「子どもの権利条約」を批准したが，児童虐待は増加の一途をたどっている点である。とくに，心理的虐待は他の虐待と重複している場合が多く，2020年の児童相談所での児童虐待相談対応件数では，心理的虐待が最も多い。その要因には，児童の家庭におけるDVも児童虐待に含まれるためである。ちなみに，警察からのDV通告が増加している。DVについて援助を求める親を見落とすことなく支援を展開していくことも課題である。

　第２に，「新待機児童ゼロ作戦」の実施内容に関する点である。待機児童ゼロを目指して，①認可保育所の設置・運営に関しては規制緩和，②基準の弾力化，③受け入れ枠の拡大，④短時間勤務保育士の導入，⑤保育所の最低定員の引下げなどが行われた。並行して，認定こども園，新たな幼保連携型認定子ど

も園の設置拡大，市町村による認可事業・**地域型保育**（家庭的保育事業・小規模保育事業・事業所内保育など），認可外保育・ファミリー・サポート・センター事業などの保育サービスも拡充された。

　厚生労働省によれば，待機児童は都市部や大都市周辺，地方都市において2944人（2022年4月現在）が存在する（前年の5634人に比べ，待機児童数が大幅に減少したのは，コロナ禍で申込者数の減少によるところが大きい）。待機児童数は減少傾向にあるが，いわゆる「隠れ待機児童」とされる子どもを含めるとその数は増大する。厚生労働省は待機児童の定義を「復職の意思がある場合は，待機児童に含める」とした（新定義での集計は2018年度から運用）。子育て環境の変化や増大する保育ニーズに対して，国は，「待機児童解消加速化プラン」や「子育て安心プラン」（2017年6月）による待機児童の解消を目指しているが，多様な保育サービスを利用する子どもへの保育の質を保障するためには，認可保育所の増設と保育士の確保が課題である。

　第3に，地域が子育て支援の受け皿になるような支援体制を構築する点である。「新しい社会的養育ビジョン」（2017年8月2日）では，実親による養育が困難であれば，特別養子縁組や里親の養育を推進することとしている。しかし，それ以前に，子どもへのサポートは急を要することが多いため，地域での支援体制の構築が課題となる。

【高橋美知子】

◎さらに深く学ぶための参考文献

矢嶋里絵・田中明彦・石田道彦・高田清恵・鈴木靜編著『社会保障裁判研究—現場主義・創造的法学による人権保障』ミネルヴァ書房，2021年

　家庭福祉・教育・保育所に関する法制度の歴史的なあゆみとともに，子どもに関する特徴的な裁判事例を紹介している。

才村純・芝野松次郎・新川泰弘・宮野安治編『子ども家庭福祉専門職のための子育て支援入門』ミネルヴァ書房，2019年

　子ども家庭福祉の理論と実践力修得のための内容を網羅している。

第9章　障害者福祉

1　障害者福祉とは

条約批准により
新たな時代へ　2014年1月，日本政府は「障害のある人の権利条約」（日本政府公定訳，障害者の権利に関する条約）を批准した。この条約は，「私たちのことを私たち抜きに決めないで」をスローガンに，障害のある人たちが国連での議論に参加し，2006年に採択された。まさに本人参加によってつくられた画期的な条約であり，その結果，差別禁止を含む包括的な内容になった。障害のある人の人権保障が，まさに新たな時代に入ったといえよう。この条約を批准したことにより，差別禁止を含む人権保障の実現のために，日本政府はこれまで以上に重い責任が課されたのである。

　この条約の批准に前後して，国内で障害のある人を対象とする福祉法制は見直しが行われた。しかし，社会保障費抑制の性格の強い「税・社会保障の一体改革」のもとで見直しが行われたこともあり，抜本的な見直しには至らなかった。

　国内法において障害者とは，具体的にどのような人をいうのだろうか。国内法における「障害者」とは，「身体障害，知的障害，精神障害（発達障害を含む。）その他の心身の機能の障害がある者であつて，障害及び社会的障壁により継続的に日常生活又は社会生活に相当な制限を受ける状態にあるもの」をいう（障基2条）。『令和2年版障害者白書』によれば，身体障害者428万7000人，知的障害者96万2000人，精神障害者389万1000人（2017年）である。

歴史的変遷　日本国憲法のもと，障害者を対象にした法の変遷は，以下のとおりである。

(1) **障害福祉のはじまり**（1946年〜1959年）　第二次世界大戦敗戦により，傷 病軍人の大量帰国と極度の困窮した社会状況のなか，先行して2つの法律が作られた。1つが児童福祉法（1947年）であり，もう1つが**身体障害者福祉法**（1949年）である。18歳以上の「身体障害者」を対象とし，法の目的は「更生」であった。この時期の「更生」は「職業能力の回復」と解釈され，このため更生の可能性の乏しい重度な身体障害者は除外された。

　1950年には，**精神衛生法**が制定された。これは都道府県に対して精神病院の設置義務を定めたにすぎず，精神病院の収容保護が施策の柱であった。精神障害者は，「医療及び保護」の対象者としてしか位置づけられず，国民の精神的健康の保持および向上を図るという社会防衛上の観点が重視された。

(2) **障害種別「対策」の整備**（1960年〜1979年）　1960年代に入り，「更生」可能な身体障害者以外の分野も整備され始めた。1960年，**精神薄弱者福祉法**が制定された。保護と更生を目的に18歳以上の「知的障害者」（当時の呼称は精神薄弱者）の福祉サービスが実施されることになった。また同年，身体障害者を対象にした身体障害者雇用促進法が制定された。1967年法改正において，精神薄弱者援護施設が，精神薄弱者更生施設と精神薄弱者授産施設に分けられた。また，身体障害者福祉法のもとでも，重度身体障害者更生援護施設（1963年），重度身体障害者授産施設（1964年）が設置された。障害種別，程度によって施設が類型化されたことが特徴といえよう。1970年には，議員立法により心身障害者対策基本法が制定された。心身障害者対策における国・地方自治体の責務を明らかにし，心身障害者対策の総合的推進を図ることを目的にしていた。

(3) **国際障害者年とノーマライゼーションへの模索**（1980年〜1996年）　国際障害者年（1981年）とこれに続く「国連・障害者の10年」（1983年〜1992年）は，わが国の福祉法制に大きな影響を与えた。国際障害者年のテーマである「完全参加と平等」を具体化するため，ノーマライゼーション理念に基づく在宅施策強化，社会参加促進に重点がおかれるようになった。1984年の身体障害者福祉法改正にて，「**完全参加と平等**」の趣旨が理念規定に追加された。

　一方で，福祉の国庫負担削減を背景に，施設利用に際する費用負担が導入された。1987年には，精神衛生法から**精神保健法**へ改正・改称された。人権に配

慮した適正な医療の確保と社会復帰の促進の理念に基づき，精神障害者の福祉の増進が明記された。また同年，身体障害者雇用促進法はその対象を知的障害者に拡大する法改正を行い，障害者の雇用の促進等に関する法律（略称：**障害者雇用促進法**）に改称された。この時期に最も特徴的なのは，1993年**障害者基本法**の制定である。心身障害者対策基本法の改正・改称によるものであり，「完全参加と平等」の理念を法文化し，「障害者」の定義の見直し，障害者基本計画の策定などについて定めた。

(4)　**社会福祉基礎構造改革**（1997年～2010年）　1990年代以降，社会福祉基礎構造改革に基づき次々に法改正が行われている。1999年に精神薄弱者福祉法は知的障害者福祉法に改称，また，2000年の社会福祉法および身体障害者福祉法等の改正により，支援費支給制度が創設された。2004年に障害者基本法が改正され，障害を理由とする差別禁止規定が盛り込まれた。同年，**発達障害者支援法**が制定され，発達障害者への対応が始まった。2005年には**障害者自立支援法**が制定され，支援費支給制度が廃止された。この法律により，介護保険制度に類似した介護認定方法，利用料の定率負担，食費・光熱費の自己負担等が導入された。また，自立支援を重視し，就労支援の抜本的強化を目的に新たな障害保健福祉施策の体系の構築が目指された。

(5)　**国連・障害のある人の権利条約批准と国内法見直し**（2011年～現在）国連の障害のある人の権利条約（日本政府公定訳では障害者の権利に関する条約）採択を受け，国内法の見直しが行われた。具体的には，2011年に，障害者基本法が改正され，地域社会における共生を図ることや障害を理由とする差別禁止が位置づけられた。また2011年，「障害者虐待の防止，障害者の養護者に対する支援等に関する法律」（略称，障害者虐待防止法）が制定され，養護者，福祉施設等事業者，雇用の場における使用者による障害者への虐待を防止するとともに，自治体における救済機関と救済手段を整備した。2012年には，障害者自立支援法改正により，「障害者の日常生活及び社会生活を総合的に支援するための法律」（略称，**障害者総合支援法**）に名称を変えた。給付の整理を行うとともに相談体制の強化を図った。2013年には「障害を理由とする差別の解消の推進に関する法律」（略称，**障害者差別解消法**）が制定され，不利益取り扱いと合

理的配慮の不提供を差別と定義し，行政機関および民間事業者に差別禁止を義務づけた。

2　障害者福祉のしくみと現状

障害者基本法　この法律は，障害者の自立及び社会参加の支援等のための施策に関し，基本原則を定めるとともに，国，地方公共団体等の責務を明らかにし，障害者の自立及び社会参加の支援等のための施策の基本となる事項を定めている（障基1条）。現行法は，地域社会における共生を図ることと障害を理由とした差別禁止が特徴的である。

　この法律は，障害者に関する法施策の基本と位置づけられている。

障害福祉サービス体系　障害者基本法や社会福祉法に基づき，障害福祉サービスは，①障害種別によって（身体障害者福祉法，知的障害者福祉法，精神保健福祉法），②年齢によって（児童福祉法，身体障害者福祉法等，老人福祉法や介護保険法）分けられ，③福祉サービス給付については障害者総合支援法を中心に実施されている。また，障害のある人の権利侵害がされやすい現状に着目し，④障害者虐待防止法や障害者差別解消法により，権利侵害が行われたときには各種の措置が講じられる。

障害者総合支援法　この法律は，障害児や障害者が，自立した日常生活または社会生活を営むことができるよう，必要な障害福祉サービスに係る給付その他の支援を行うこと，障害の有無にかかわらず国民が相互に人格と個性を尊重し安心して暮らすことのできる地域社会の実現に寄与することを目的とする（障総1条）。

　この障害者総合支援法に基づき，福祉サービス給付が実施されている。

（1）**給付体系**　障害者総合支援法における福祉サービスは障害者に対する個別給付であり，介護支援を目的にする①「**介護給付**」と，訓練などの支援を目的にする②「**訓練等給付**」に分類される。移動支援や相談事業等については③「**地域生活支援事業**」に位置づけられ，具体的運用については市町村および都道府県の裁量に委ねられる（**図表9‐1参照**）。

図表9-1　障害者総合支援法におけるサービス一覧（介護給付・訓練等給付）

介護給付	居宅介護（ホームヘルプ）	自宅で，入浴，排せつ，食事の介護等を行う
	重度訪問介護	重度の肢体不自由者で常に介護を必要とする人に，自宅で，入浴，排せつ，食事の介護，外出時における移動支援などを総合的に行う
	行動援護	自己判断能力が制限されている人が行動するときに，危険を回避するために必要な支援，外出支援を行う
	重度障害者等包括支援	介護の必要性がとても高い人に，居宅介護等複数のサービスを包括的に行う
	障害児通所支援	児童発達支援，医療型児童発達支援，放課後デイサービス，保育所等訪問支援を行う
	短期入所（ショートステイ）	自宅で介護する人が病気の場合などに，短期間，夜間も含め施設で，入浴，排せつ，食事の介護等を行う
	療養介護	医療と常時介護を必要とする人に，医療機関で機能訓練，療養上の管理，看護，介護および日常生活の世話を行う
	生活介護	常に介護を必要とする人に，昼間，入浴，排せつ，食事の介護等を行うとともに，創作的活動または生産活動の機会を提供する
	障害者支援施設での夜間ケア等（施設入所支援）	施設に入所する人に，夜間や休日，入浴，排せつ，食事の介護等を行う
訓練等給付	自立訓練（機能訓練・生活訓練）	自立した日常生活または社会生活ができるよう，一定期間，身体機能または生活能力の向上のために必要な訓練を行う
	就労移行支援	一般企業等への就労を希望する人に，一定期間，就労に必要な知識および能力の向上のために必要な訓練を行う
	就労継続支援（A型＝雇用型，B型）	一般企業等での就労が困難な人に，働く場を提供するとともに，知識および能力の向上のために必要な訓練を行う
	就労定着支援	一般就労に移行した人に就労にともなう生活面の課題に対応するための支援を行う
	自立生活援助	一人暮らしに必要な理解力・生活力等を補うため，定期的な居宅訪問や随時の対応により日常生活における課題を把握し，必要な援助を行う
	共同生活援助（グループホーム）	夜間や休日，共同生活を行う住居で，相談や日常生活上の援助を行う

出所：厚生労働省HP「障害福祉サービスについて」を参考に筆者作成

　(2)　**提供体制**　①「介護給付」と②「訓練等給付」を受けたい場合，利用者は契約に基づき指定事業者・施設からサービス提供を受ける。事業主体が，国，自治体，社会福祉法人・医療法人の他，NPOや営利事業所なども加わり多様化している。

　(3)　**給付を受ける手続**　(a)　申請から支給決定　①「介護給付」と②「訓練等給付」を受ける場合の手続は，以下のとおりである。なお③「地域生活支援事業」の手続は，市町村の裁量に委ねられている。①「介護給付」を受

けたい障害者または障害児の保護者は，市町村に申請し，市町村は，障害者らの**認定調査**を行う。市町村では障害福祉サービスの必要性を検討するため，**市町村審査会**を開催する。この手続を経て，市町村は**障害支援区分**が認定され支給決定を行う。

②「訓練等給付」については，当面は障害支援区分を認定しない。これは利用を希望する人の状態が，明らかにサービス内容に適合しない場合を除き，できる限り本人の希望を尊重する趣旨による。

(b) 審査請求　市町村長の「介護給付」に関する処分に不服がある人は，都道府県知事に対し審査請求をすることができる。

(4)　**利用者負担**　サービス利用に関しては，利用者は定率負担（現行は原則1割）しなければならない。施設での食費や光熱水費は，実費負担である。利用料設定については，低所得者に配慮して，各種の軽減措置がとられている。

COLUMN　**障害のある人の「65歳問題」**

　岡山市に住む浅田達雄さんは，脳性まひの後遺症をもち，介護サービスを受けて暮らしている。浅田さんは，「介護がないのは死ねといわれるのと同じ」という。浅田さんは障害者総合支援法によって介護を受けていたが，65歳になった際に非常に驚いた。介護保険適用に変更され利用料として1割負担を求められこれを拒否すると，これまで受けていた障害者総合支援法の介護給付も拒否された。まさに浅田さんは死を宣告されたように感じたという。

　2000年代に入り，社会福祉基礎構造改革の一環で，介護保険法と障害者総合支援法が制定された。これにより，原則65歳以上の者は介護保険法から，そして64歳以下の者には障害者総合支援法から介護給付がなされる。両法の関係については介護保険優先の原則があり，障害者総合支援法からの介護給付を受けていた者も，65歳以上になると介護保険法からの介護給付に切り替わる。介護保険のもとでは，障害者総合支援法より介護支給範囲も狭まり，経済的負担も増大する。障害のある人たちの「65歳問題」と呼ばれ，近年，全国的な問題になっていた。介護保険優先の現行制度のあり方に疑問を呈し，浅田さんは行政訴訟を起こした。裁判所は原告である浅田さんへの介護給付を認めたが，「65歳問題」への言及はしなかった。そのためこの問題は，持ち越されている。

(5)　**福祉の措置**　やむを得ない事由によりサービス利用ができない場合は，市町村は，身体障害者福祉法，知的障害者福祉法，児童福祉法に基づいて「福祉の措置」を行わなければならない。

障害者雇用促進法　この法律は，障害者の雇用義務等を定め，雇用促進や障害者でない者との機会の均等，職業リハビリテーション等の措置等を定め，障害者の職業の安定を図ることを目的としている（障雇1条）。

(1)　**障害者に対する差別の禁止**　事業主は，募集および採用について，障害者に対して，障害者でない者と均等な機会を与えなければならないとともに，賃金の決定，教育訓練の実施，福利厚生施設の利用その他の待遇について，障害者であることを理由として，障害者でない者と不当な差別的取扱いをしてはならない（障雇34条・35条）。

(2)　**雇用義務**　「全て事業主は，障害者の雇用に関し，社会連帯の理念に基づき，適当な雇用の場を与える共同の責務を有するものであつて，進んで対象障害者の雇入れに努めなければならない」（障雇37条）。具体的には，従業員が一定数以上の規模の事業主は，従業員に占める身体障害者，知的障害者，精神障害者の割合を法定雇用率以上にする義務がある。法定雇用率は民間2.3%，国や地方公共団体等2.5%，都道府県等の教育委員会2.4%である（いずれも2022年3月1日から改正）。法定雇用率が未達成な企業のうち，常用労働者100人超の民間企業から，障害者雇用納付金が徴収される。この納付金をもとに，法定雇用率を達成している民間企業に対して，調整金や報奨金が支給される。

障害者虐待防止法　この法律は，障害者に対する虐待を防止するため，障害のある人への虐待禁止，国等の責務，擁護者への支援等を定めている（障虐1条）。

(1)　**虐待の定義**　「障害者虐待」とは，①養護者，②障害者福祉施設従事者等，③使用者による虐待をいう（障虐2条2項）。虐待の類型は，①**身体的虐待**，②**ネグレクト**，③**心理的虐待**，④**性的虐待**，⑤**経済的虐待**の5つである。

(2)　**具体的内容**　障害者の虐待対応にかかわる具体的な取り組みが定められ，虐待発見の通報後の市町村および都道府県の役割と権限が明確にされた。

この法律により，市町村・都道府県には，障害者虐待対応の窓口等になる市町村障害者虐待防止センター・都道府県障害者権利擁護センターの機能を果たす部署が設置されている。

　厚生労働省調べによれば，2015年度の虐待と判定された件数は，養護者によるものが1593件，障害者福祉施設従事者等によるものが359件である。また，使用者による虐待に関する相談から関係機関に引き継いだものが99件であった。

障害者差別解消法　この法律は，障害者でない者との平等の実現のため，「障害を理由とする差別の解消の推進に関する基本的な事項，行政機関等及び事業者における障害を理由とする差別を解消するための措置等を定め」ている（障差1条）。

　(1)　**差別の定義**　「差別」とは，①障害を理由として障害者でない者と**不当な差別的取扱い**をすること，②**合理的な配慮**を提供しないことをいう。合理的配慮とは，障害者の性別，年齢および障害の状態に応じて，社会的障壁の除去を行うことである。ただし過重な負担がある場合には，差別に当たらない。

　(2)　**具体的内容**　障害を理由とした差別を解消するため，行政機関等および事業者が行わなければならない措置を定め，国および地方公共団体に差別に関する紛争の防止または解決を図るための体制を整備することを義務づけた。具体的には，地方公共団体には障害者差別解消支援地域協議会を設けることができるようになった。

3　今後の課題

「障害」規定とサービス体系の再考　わが国の法における「障害者」の定義は狭く，いまだ社会的モデルとはいいがたい。これにより，福祉ニーズがあるにもかかわらず，障害者総合支援法をはじめ関係福祉法の対象にならない人々を生じさせている。より重大なことは，社会との関係で障害をとらえる視点が弱いことである。現実には障害のある人の生活，福祉，社会ニーズは，年代とその人をとりまく社会関係のなかで規定されていく。これに対応

できていないのである。

すでに WHO では2001年の**国際生活機能分類**（**ICF**）において，従来の im-pairment（機能障害），disability（能力障害），handicap（社会的不利）の３つのレベルの障害に，環境因子や個人因子を導入した新しい障害概念を提起している。すなわち，障害のある人と環境との間でとらえる社会的不利としての障害の視点である。法における「障害」規定について社会的不利を中心に見直し，サービス体系の再考も求められる。

障害者雇用水増し問題と「自立」支援のしくみ　2000年代以降の障害者福祉は，障害者の「自立支援」の一環として就労促進に重きをおいて展開してきた。そのようななか，2018年に中央省庁の８割にあたる行政機関で，あわせて3460人分もの障害者雇用が実際には行われていないにもかかわらず，水増ししてカウントしていたことが判明した。長年にわたり，中央省庁自らが法違反を放置してきたことが明らかになった。水増し問題を受けて，人事院では障害者を特別に採用する枠をつくり改善を図ったが，ここで問われるのは就労促進を図ることを政策上の建前にとどめていたことにある。

現在，障害のある人の多くが，社会的支援を受けずに労働することは難しく，かつ現行の年金制度のもとでは経済的基盤が脆弱である。また，本人や家族の意思を問わず，介護が必要なために同居せざるをえない面が強く，同居が困難になった場合に施設入所せざるをえない場合が多い。障害者基本法が目指す地域社会における共生と乖離している現状にあるといえよう。

障害のある人の自立とは，筆者は精神的自立，経済的自立，職業的自立，社会的自立など総合的な内容であると考えている。それゆえ，障害者総合支援法や一連の法改正においては，障害のある人のニーズに基づき，かつ利用者の経済的な心配がなく，職業的自立，社会的自立のための介護保障を実現することが望まれる。

【鈴木　靜】

◎さらに深く学ぶための参考文献

藤井克徳他編『生きたかった―相模原障害者殺傷事件が問いかけるもの』大月書店，2016年

藤井克徳編『いのちを選ばないで―やまゆり園事件が問う優生思想と人権』大月書店，2019年

　2016年の神奈川県相模原市でおきた「障害者」入所施設での殺傷事件について，様々な視点から事件の本質や背景，今後のあり方等を検討している良書。自分の頭で考えるための一冊として勧める。

井上英夫他編『社会保障レボリューション―いのちの砦・社会保障裁判』高菅出版，2017年

　日本国憲法下で展開された社会保障裁判の歴史と現代への成果，影響について書かれている。障害のある人が原告になった多くの裁判を取り上げている。

第10章　高齢者福祉

1　高齢者福祉とは

老人と高齢者　　「老人」と「高齢者」という用語が混在している。1963年に制定された老人福祉法では，「老人」の定義がなく，高齢者という用語も文脈や制度ごとに対象が異なり，一律の定義がないが，現在の社会保障領域の具体的な施策対象は65歳以上を原則としており，国連の世界保健機関（WHO）の定義でも，65歳以上の人のことを高齢者としている。

　一方，日本老年学会・日本老年医学会の「高齢者に関する定義検討ワーキンググループ報告書」（2017年3月）によれば，65〜74歳では心身の健康が保たれており，活発な社会活動が可能な人が多くなったということや，従来の65歳以上を高齢者とすることに否定的な意見が強くなっていることから，75歳以上を高齢者の新たな定義とすることが提案されている。

高齢化率　　一般的に，総人口の中に占める65歳以上の人口の割合を老年人口比率（以下，高齢化率という）といい，7％以上14％未満の社会を「高齢化社会」，14％以上21％未満の社会を「高齢社会」，21％を超えた社会を「超高齢社会」という。ちなみに，日本では高齢化率が1970年に7％を超え，1994年に14％に達し，その後2007年に21％の超高齢社会となった。

　2020年9月には，65歳以上の高齢者人口は3617万人と過去最多となり，高齢化率も28.4％に達し，100歳以上の高齢者も8万人となった。

　さらに，平均寿命も大幅に上昇し，1947年の男性50.06歳，女性53.96歳から，2020年7月には男性81.41歳，女性87.45歳と延び，人生50年時代から人生80年時代と，世界トップクラスである。

高齢者福祉とは　高齢者福祉とは，社会福祉制度の一分野で，とくに高齢者を対象とするサービスのことを指す。広義には，福祉，保健，医療，所得，住宅，就労，レクリエーションなど，高齢者の心身の健康を保持し健康で文化的な生活を営むことを目的とする施策全般をいう。狭義には，**老人福祉法**によって規定された福祉サービスを指し，それらは主に施設福祉と在宅福祉に大別できる（詳細は155頁参照）。

　こうした福祉サービスの提供だけではなく社会参加の促進，生きがい対策などまで幅広く対象となる。今後は，後期高齢者の急増にともなう要介護高齢者への支援対策の整備が強調される。

高齢者福祉と社会保障給付費　ILO（国際労働機関）が定めた基準によって社会保障に係る給付費を定めたものを社会保障給付費といい，社会保障制度審議会による広義の社会保障の費用に相当しており，その総額は，日本における社会保障制度の整備や人口高齢化の進行なども反映しており，統計を

COLUMN　平均寿命と健康寿命

　近年，日本は世界有数の長寿国と呼ばれるほど，平均寿命が伸び続けている。平均寿命とは，その年に生まれた０歳の平均余命を示すものであり，保健福祉水準の重要指標として用いられている。1947年に男性50.06歳，女性53.96歳であった平均寿命は，2019年には女性が87.45歳，男性が81.41歳となり，いずれも過去最高を更新し，女性は５年連続の世界２位，男性も３年連続３位となった。

　一方，2000年にWHO（世界保健機関）から健康寿命を提唱されて以来，寿命を伸ばすだけでなく，健康に生活できる期間をいかに伸ばすかに関心が高まっている。

　健康寿命とは，「健康上の問題で日常生活が制限されることなく生活できる期間」と定義されており，平均寿命と健康寿命との差は，日常生活に制限のある「健康ではない期間」を意味する。健康寿命は，2016年度時点で男性が72.14年，女性が74.79年となっており，この差は男性が8.8年，女性が12.3年であった。今後，平均寿命の延伸にともない，この差が拡大すれば，医療費や介護給付費の多くを消費する期間が増大することになる。疾病予防と健康増進，介護予防などによって，平均寿命と健康寿命の差を短縮することができれば，個人の生活の質の低下を防ぐとともに，社会保障費負担軽減も期待できる。

取り始めた1950年度以来一貫して伸び続けている。

　2018年度に年金，医療，介護などに充てられた「社会保障給付費」（ILO 基準）の総額は前年度比 1 兆3400円増の121兆5408億円と過去最高となり，国民一人当たりの給付費も96万1200円で，前年度より 1 万2600円増えた。社会保障給付部門別にみると，「年金」が55兆2581億円（総額に占める割合45.5％）と最も多く，次に「医療」が39兆7445億円（同32.7％），介護や生活保護，子育て支援などの「福祉その他」が26兆5382億円（同21.8％）であるが，そのうち介護が10兆3872億円となり，高齢化の進行が影響している。

　一方，社会保障給付費に対応する，社会保険料や公費による負担などの「社会保障財源」総額は，132兆5963億円で，前年度に比べ 8 兆6788億円減となっている。財源項目別にみると「社会保険料」が72兆5980億円で，収入総額の54.7％を占め，次に「公費負担」（税金）が50兆3870億円と38％を占めている。

　高齢化の進行にともなって，高齢者関係給付費が一段と増加することが予想されるなか，若年世代の人口減が危惧されている。現行制度では国民の社会保障負担が増すことは避けられず，社会保障制度全体の抜本的な見直しが行われているが，同時に，大幅な改革も視野にいれた社会保障政策が必要となる。

2　高齢者福祉の歴史的変遷

高齢者福祉のはじまり　わが国の高齢者救済に関する施設は，聖徳太子による**四箇院**（593年）の悲田院をはじめ，1872年の東京養育院や1883年の大歓進養育院があるが，これらは貧困者を含めた混合収容の施設であった。

　1874年に制定された**恤救規則**の対象には，高齢者も含まれていた。しかし，「**無告ノ窮民**」である極貧独身老人，障害者，病人，若年児童などの放置できない人に対する救済だった。その後，1890年代後半から民間の養老院が設立され，1929年には**救護法**の制定により養老院が救護施設に含められ，高齢者は養老院や救護施設において公的に生活が保障されるようになった。そして，1946年，**旧生活保護法**制定により養老院は保護施設と規定され，1950年の**生活保護法**の制定では養老施設と名称が改められた。

**高齢者福祉と
高度経済成長期**　わが国の社会経済は，1950年代半ばから1970年代初頭にかけて飛躍的に成長を遂げた。戦後の「家制度」の解体，高度経済成長期をきっかけとする核家族化，都市化の進行などによって高齢者の生活が不安定になり，高齢者の介護は家族だけでは解決できない問題であり，社会の問題でもあると認識され始めた。しかし，高齢者に対する公的施策は，1959年の国民年金法制定による所得保障と生活保護法による養老施設への入所など貧困者を対象とするものにとどまっていた。

　1962年，中央社会福祉審議会は「老人福祉施策の推進に関する意見（中間報告）」を取りまとめた。これを受けた厚生省（現，厚生労働省）社会局は**老人福祉法**の原案を作成した。1963年，同法は施行された。

　ところで，訪問介護事業は1956年に長野県上田市など13市町村によって開始された「家庭養護婦派遣事業」が源流であるとされている。その後，都市部を中心として「家庭奉仕員」制度が創設され，1962年に厚生省が国家予算に「家庭奉仕員活動費」を計上したことにより全国的な制度として発足した。そして，翌1963年の老人福祉法制定により「家庭奉仕員」の制度として位置づけられ，現在のホームヘルパーの前身となった。

　1973年は，**福祉元年**であり，老人福祉法改正により**老人医療費支給制度**（老人医療費無料化）が実施された年である。しかし，秋にオイルショックで経済が低迷したことにより，**老人医療費無料化**の財源を確保することができなくなり「**福祉の見直し**」が指摘された。そこで，本制度自体の根本的見直しのため長期的展望に立った検討が重ねられた結果，1982年に老人保健法が施行された。これにともない，老人医療費支給制度は1983年1月をもって終了した。

**高齢社会対策大綱
とゴールドプラン**　1986年6月，**長寿社会対策大綱**が策定され，保険，医療，福祉サービスの充実が抽象的に示された。しかし，介護サービスの外部化問題と介護費用の社会化問題が明確に区別されていなかった。そこで，1989年に策定された「**高齢者保健福祉推進10か年戦略**」（ゴールドプラン）では，1990年度から1999年度までの10年間に実現を図る高齢者の保健福祉サービスの緊急整備計画として具体的な目標を定めた。その後，これを実現するために**福祉関係八法**が改正され，高齢者保健福祉を推進する責

任主体が市町村であること，市町村単位で老人保健福祉計画を策定することが義務づけられた。その後，ゴールドプランの整備目標では不足することが明らかとなり，1994年に「高齢者保健福祉推進10か年戦略の見直しについて」（新ゴールドプラン）が策定され，1995年度から実施された。1995年，**高齢社会対策基本法**が制定され，翌1996年に**高齢社会対策大綱**を作成し，「高齢者の自立・参加・選択と地域の自主性」を基本的な考えとして強調している。なお，新ゴールドプランは1999年度で終了した。1999年，新たに「**今後5か年間の高齢者保健福祉施策の方向**」（ゴールドプラン21）が策定され，2000年度から2004年度までの5年間に実施された。

社会福祉基礎構造改革と高齢者福祉施策

わが国の高齢者介護に対する制度は，老人福祉法と老人保健法の両制度のもとで個別にサービスの提供がなされていたため，手続や負担などの面で不均衡な状況を招いていた。また，**少子高齢社会**が進行しており，社会全体で高齢者介護を支える新システムの構築が望まれ，**社会福祉基礎構造改革**が始まった。

　そして，2000年4月に介護保険法が施行されたことにより**措置**制度から**契約**制度へと転換した。2001年には老人保健法が改正され，医療費負担の見直しが行われた。また，2006年6月に成立した「**医療制度改革関連法・医療制度改革**」では，保健指導・予防による医療費抑制と保険集団の範囲・単位の見直しなどがなされた。また，後期高齢者医療制度の診療報酬体系，終末期医療のあり方，保険料体系などについての議論は，2008年4月に**老人保健法**が法改正のなかで反映され，名称は「**高齢者の医療の確保に関する法律**」（略称，高齢者医療確保法）となった。

認知症への戦略

日本では，高齢者の4人に1人が認知症またはその予備群と言われており，認知症は今や誰もが関わる可能性がある身近な病気となっている。世界各国でも認知症は増加しており，その対応は世界共通の課題である。高齢化の進行や高齢者人口の増加とともに，認知症高齢者の増加も見込まれたため，認知症支援対策が推進された。2012年に早期の支援機能と危機回避支援機能を整備するため，基本目標とした「認知症施策推進5か年計画」（オレンジプラン）が策定された。

2015年，厚生労働省は，認知症の人の意思が尊重され，できる限り住み慣れた地域のよい環境で自分らしく暮らし続けることができる社会を実現すべく，「認知症施策推進総合戦略—認知症高齢者等に優しい地域づくりにむけて」（新オレンジプラン）を策定した。その後，認知症施策をさらに強力に推進していくため，政府は2018年12月に「認知症施策推進関係閣僚会議」を設置し，2019年6月に認知症施策推進大綱（以下，大綱）を取りまとめた。

大綱は，基本的な考え方として「共生」と「予防」を車の両輪として施策を進めることを掲げ，新オレンジプランの7つの柱を再編し，①普及啓発・本人発信支援，②予防，③医療・ケア・介護サービス・介護者への支援，④認知症バリアフリーの推進・若年性認知症の人の支援・社会参加支援，⑤研究開発・産業促進・国際展開の5つの柱に沿って施策を推進することとし，これらの施策はすべて認知症の視点に立って，認知症の人やその家族の意見を踏まえて推進することを基本としている。

3　高齢者福祉に関する法律

老人福祉法
（1963年，制定・施行）　　（1）**目　的**　「老人の福祉に関する原理を明らかにするとともに，老人に対し，その心身の健康の保持及び生活の安定のために必要な措置を講じ，もつて老人の福祉を図ることを目的とする」（老福1条）と定めている。

（2）**基本理念**　1990年，老人福祉法は基本的理念が改正され，社会的援助としての生きがい保障など従来規定に加えて，①「豊富な知識と経験を有する者として敬愛されるとともに，生きがいを持てる」生活の保障（老福2条），②高齢者も社会の一員として「社会的活動に参加するように努めるもの」（老福3条）とし，③「社会的活動に参加する機会を与えられるもの」（老福3条2項）であるとしている。

（3）**老人福祉法の実施体系**　老人福祉の責務は，国および地方公共団体である（老福4条）。老人福祉行政を担当する国の機関は**厚生労働省**であり，地方公共団体において都道府県，市町村の担当部局が担う。具体的には，社会福祉

全般の措置に関する事務を司る**福祉事務所**が実施機関となる。

　市町村の福祉事務所においては，高齢者への福祉の措置のほか，高齢者の福祉に関し実情の把握に努め，情報の提供ならびに相談に応じ，調査および指導などを行うこととされている。福祉事務所で高齢者の福祉に関する技術的指導を所員に対して行うとともに高齢者福祉に関する技術的指導や専門的技術を必要とする業務を主として行う**社会福祉主事**のことを**老人福祉指導主事**という。**市町村福祉事務所**には，老人福祉指導主事と呼ばれる職員が必置とされているが，**都道府県福祉事務所**は任意である。

　(4)　**高齢者福祉に関する公的施策**　　介護保険法では，施設や事業者が社会保険制度に参入し費用を支給される条件を定めることによって社会保険制度の枠内で提供されるサービスの質を管理する。これに対して，老人福祉法は，施設や事業経営に直接規制を行い，高齢者が利用する福祉サービスの質が保たれるようにしている。老人福祉法が対象としている施設および事業は介護保険法の対象より広い。また，事業者や施設が老人福祉サービスを行うためには必ず社会福祉法および老人福祉法に適合していなければならず，老人福祉法は老人福祉サービスの最低基準を定めているといえる。

　(5)　**在宅福祉施策**　　高齢者に対する在宅介護サービスは，保健（老人保健法），医療（健康保険法），福祉（老人福祉法）という3つの法制度のもとで提供されてきた。2000年4月からの介護保険法施行にともない，高齢者の保健・福祉に関わる法律は，老人保健法，老人福祉法と介護保険法の3つになった。これまで個別に行われてきた要介護高齢者の保健・医療・福祉サービスについては，介護保険法において統合的に提供されることとなった。

　老人福祉法の規制対象となるものを以下にあげる。1990年の老人福祉法改正によって老人居宅生活支援事業にあたる**老人居宅介護等事業**（ホームヘルプサービス事業），**老人デイサービス事業**，老人短期入所事業が法的に整備された。そして，2000年4月からはこの他に**認知症対応型老人共同生活援助事業**（認知症高齢者グループホーム），2006年4月からは**小規模多機能型居宅介護事業**が加わった（老福5条の2）。これらの事業は介護保険制度の利用が基本であるが，介護保険によるサービス利用が著しく困難な場合のみ，例外的に市町村の措置

によってサービスが提供される。

(6) **施設福祉施策**　介護保険が施行されるまでサービスの利用方式は軽費老人ホームなどを除き措置方式を採用していた。介護保険の導入にともない，養護老人ホームに関しては措置方式となっているが，そのほかは利用契約方式へと転換された。老人福祉法上の「老人福祉施設」は，**特別養護老人ホーム**，**養護老人ホーム**，**軽費老人ホーム**，**老人福祉センター**と1990年から**老人デイサービスセンター**，**老人短期入所施設**が加えられ，さらに1994年に**老人介護支援センター**が加えられたことにより 7 施設となった。なお，「特別養護老人ホーム」は，介護保険の指定介護老人福祉施設となるが，やむを得ない事情などで居宅での生活が困難な介護保険対象外の者に対しては老人福祉法上の特別養護老人ホームとして市町村の措置による入所を受け入れている。

老人保健法
（1982年制定，翌年施行）　前述のように，2008年 4 月から老人保健法は大幅な改正とともに名称も「高齢者の医療の確保に関する法律」と改められた。なお，2008年 4 月からはこれまで老人保健法に基づいて市町村が行ってきた保健事業についての該当規定が削除され，高齢者医療確保法に基づく医療保険者による生活習慣病予防検診・保健指導と健康増進法に基づく市町村による生活習慣相談や生活習慣病以外の健診などとで連携をとりながら実施している。

高齢社会対策基本法
（1995年制定，施行）　日本の高齢社会対策の基本的枠組は，「高齢社会対策基本法」に基づいている。同法は，高齢社会対策を総合的に推進し，経済社会の健全な発展と国民生活の安定向上を図ることを目的とし，高齢社会対策の基本理念として，公正で活力ある，地域社会が自立と連帯の精神に立脚して形成される，豊かな社会の構築を掲げている。また，国民および地方公共団体は，それぞれ基本理念に則って高齢社会対策を策定し，実施する責務があるとするとともに，国民の努力についても規定している。さらに，国が講ずべき高齢社会対策の基本的施策として，就業および所得，健康および福祉，学習および社会参加，生活環境などの施策について明らかにしていた。

　あわせて，政府が基本的かつ総合的な高齢社会対策の大綱を定めること，政

府が国会に高齢社会対策に関する年次報告書を提出すること，内閣府に特別の
機関として「高齢社会対策会議」を設置することを定めている。

　1996年7月に，初めて政府が推進する高齢社会対策の中長期にわたる基本的
かつ総合的な指針となる「高齢社会対策大綱」を策定して以降，経済社会情勢
の変化を踏まえた見直しが行われており，2018年2月に4度目となる高齢社会
対策大綱が閣議決定された。この大綱では，分野別の基本的な施策として①年
齢区分でライフステージを画一化することを見直し，エイジレス社会を目指す
こと，②高齢者が安全・安心かつ豊かに暮らせるコミュニティづくり，③技術
革新の成果が可能にする新しい高齢者対策を志向すること，を基本的な考え方
として，高齢者の就業・所得，健康・福祉，学習・社会参加，生活環境，研究
開発・国際社会への貢献等，すべての世代の活躍推進などを内容とする高齢社
会対策を推進することとしている。

高齢者住まい法
（2001年制定，施行）　高齢者社会の進展にともない，65歳以上の高齢者のい
る世帯のうち，単身や夫婦のみの世帯が占める割合が
増加しており，今後も一層増加することが予想されるなかで，2001年に，政府
は「高齢者の居住の安定確保に関する法律」（略称，高齢者住まい法）を制定し
た。高齢者が必要な福祉サービスを受けることができる良好な居住環境を備え
た賃貸住宅等の登録制度を設けるとともに，高齢者が安定的に居住することが
できる賃貸住宅について終身建物賃貸借制度を設けるなどの措置を講ずること
により，高齢者の居住の安定の確保を図ることを目的として制定された（高住
1条）。しかし，高齢者向け賃貸住宅は，医療・介護事業者との連携や行政の
指導監督が不十分，高齢者に適した住まいの絶対的不足，高齢者の住まいの制
度が複雑であるなどの問題点などが取り上げられた。そのため，2011年に同法
は改正され，これらの課題に対応することとなった。

高齢者医療確保法
（2008年施行）　（1）目　的　「国民の高齢期における適切な医療の
確保を図るため，医療費の適正化を推進するための計
画の作成及び保険者による健康診査等の実施に関する措置を講ずるとともに，
高齢者の医療について，国民の共同連帯の理念等に基づき，前期高齢者に係る
保険者間の費用負担の調整，後期高齢者に対する適切な医療の給付等を行うた

図表10-1　高齢者向け住宅・施設の種類

領域	所管庁	名称	入居対象	概要（対象者，サービス，費用負担）
福祉系	厚生労働省	①特別養護老人ホーム（介護老人福祉施設）	65歳以上	介護保険で要介護判定が出た方が利用できる。生活全般にわたる介護サービス等を利用することができる。食費や居住費などは自己負担。
		②養護老人ホーム		身体，精神，環境および経済的な事情により自宅での生活が困難な方が入居する。費用負担は利用者及び扶養義務者の収入に応じた額となる。
		③軽費老人ホーム		家庭環境や住宅事情等の理由で自宅での生活が困難な方が入居し，日常生活上必要なサービスを受ける。
		A型	60歳以上	【給食型】給食サービス付き。所得制限あり。
		B型		【自炊型】自炊ができる方が利用する。費用は全額自己負担。
		④ケアハウス，都市型軽費老人ホーム	60歳以上	身体機能の低下や高齢等の理由により独立した生活に不安があり，家族の援助が困難な方が利用する。
		⑤有料老人ホーム		高齢者向けの生活施設で，介護や食事等の生活サービスを提供する施設で老人福祉施設でないものをいう。
		介護付	概ね60歳以上	介護や食事等のサービス付きホーム。介護が必要になった65歳以上の要介護認定者は，ホームが提供する介護保険の介護サービスを利用しながら生活を継続できる。
		住宅型		食事等のサービス付きホーム。介護が必要になった場合は，外部の訪問介護サービス等を利用しながら，ホームの居室で生活を継続できる。
		健康型		食事等のサービス付きホーム。介護が必要になった場合は，契約を解除して退去しなければならない。
		⑥認知症高齢者グループホーム（認知症対応型共同生活介護）	65歳以上	食事・入浴・排泄等の介護サービスを受けながら，ケアスタッフとともに共同生活することで認知症の進行を遅らせることを目的としている。5〜9人を1ユニットとし，2ユニットが上限となっている。
		⑦生活支援ハウス	60歳以上	単身・夫婦または家族による援助が困難な方で，生活することに不安のある方が利用する。デイサービスセンターに居住部門を合わせて整備した複合施設。家賃相当分は入居者の収入に応じて変動する。
医療系	厚生労働省	⑧老人保健施設（介護老人保健施設）	65歳以上	要介護認定者であり，看護・医学的管理の下でリハビリ・介護等の施設療養が必要な方が利用する。居宅生活への復帰を目指す施設。
		⑨介護療養型医療施設		長期にわたる療養を必要とする要介護者が，医学的管理の下にリハビリ・介護・医療等を受けられる施設。
住宅系	国土交通省	⑩シルバーハウジング	60歳以上	地方公共団体等による賃貸住宅で，バリアフリー仕様の住宅。生活援助員（LSA）による相談，安否確認，緊急時対応サービスが受けられる。
		⑪サービス付き高齢者向け住宅	高齢者	住宅としての居室の広さや設備，バリアフリー等のハード面の条件を備えるとともに，ケアの専門家による安否確認や生活相談サービスを提供する住宅。登録情報は，都道府県・政令市等のホームページで閲覧できる。
その他（参考）	国土交通省	公営住宅	—	公営住宅法に基づき，事業主体（地方公共団体：都道府県又は市町村）が整備し管理運営される低所得者向け賃貸住宅。
		UR賃貸住宅	—	独立行政法人都市再生機構が管理する中堅所得者を対象とした賃貸住宅。

※名称中の括弧書きは介護保険法，あるいは医療法上の指定事業名
※介護保険施設は，特定疾病により要介護状態にある40〜64歳の者も利用可
出所：国土交通省・住宅局安心居住推進課『高齢者の住まい・住み替えに関する相談・情報提供マニュアル』2012年，85頁を参考に筆者作成

めに必要な制度を設け，もつて国民保健の向上及び高齢者の福祉の増進を図ることを目的とする」（高医１条）。

(2)　**高齢者医療の２つの制度**　　高齢者医療制度には，前期高齢者の医療費に関わる財政調整制度と，後期高齢者を対象とした後期高齢者医療制度がある。なお，高齢者医療制度は，必要に応じ，見直しに向けた検討を行うとして，2015年に成立した医療保険制度改革法では，被用者保険者に係わる後期高齢者支援金について，2017年度までに段階的に全面総報酬割を実施することとした。2017年４月，75歳以上の医療保険料は引き上げられた。

(3)　**保険者に対する一定の予防健診などの義務づけ**　　国民健康保険や被用者保険（健康保険組合，政府管掌健康保険，共済組合など）の保険者に対し，40歳以上の加入者（被保険者および被扶養者）を対象とする生活習慣病に着目した健康診査および保健指導が実施されることになった。

高齢者虐待防止法（2006年施行）　　近年において顕在化している高齢者虐待に対応し，高齢者虐待の防止，養護者に対する支援等に関する施策を促進し，高齢者の権利，利益の擁護に資することを目的とした「高齢者虐待の防止，高齢者の養護者に対する支援等に関する法律」（略称，高齢者虐待防止法）が，2005年11月に成立し，2006年４月１日から施行された。

高齢者虐待防止法では，「高齢者」は65歳以上の者と定義され（高虐２条１項），高齢者虐待を養護者（高齢者を現に養護する者）と養介護施設従事者などとに分けて規定した。虐待の分類は，①身体的虐待，②ネグレクト，③心理的虐待，④性的虐待，⑤経済的虐待の５つ（**図表10‐2**）と定義した。

厚生労働省では，毎年，高齢者虐待防止法に基づき，その対応状況等に関する調査結果を取りまとめ，公表している。2019年度の調査結果によると，高齢者虐待と認められた件数は，養介護施設従事者等によるものが2019年度で644件であり，前年度より23件（3.7％）増加したのに対し，養護者によるものは１万6928件であり，前年度より321件（1.9％）減少した。

養介護施設従事者等による虐待において特定された被虐待高齢者1060人のうち，虐待の種別では「身体的虐待」が60.1％で最も多く，次いで「心理的虐待」29.2％，「介護等放棄」20.0％であった。虐待の発生要因としては，「教

図表10‐2　養護者および養介護者施設従事者等による高齢者虐待の分類

身体的虐待	高齢者の身体に外傷を生じ，または生じるおそれのある暴行を加えること
ネグレクト	高齢者を衰弱させるような著しい減食，長時間の放置，養護を著しく怠ること（養護者以外の同居人により虐待行為の放置など
心理的虐待	高齢者に対する著しい暴言または著しく拒絶的な対応その他の高齢者に著しい心理的外傷を与える言動をおこなうこと
性的虐待	高齢者にわいせつな行為をすることまたは高齢者をしてわいせつな行為をさせること
経済的虐待	当該高齢者の財産を不当に処分することその他当該高齢者から不当に財産上の利益を得ること。

出所：高齢者虐待防止法２条５項により，筆者作成

育・知識・介護技術等に関する問題」が56.8％で最も多く，次いで「職員のストレスや感情コントロールの問題」が26.4％，「虐待を助長する組織風土や職員間の関係の悪さ，管理体制等」が20.5％，「人員不足や人員配置の問題及び関連する多忙さ」が12.6％であった。

　虐待の事実が認められた施設・事業所の種別をみると，「特別養護老人ホーム（介護老人福祉施設）」が29.5％で最も多く，次いで「有料老人ホーム」が27.6％，「認知症対応型共同生活介護（グループホーム）」が4.8％，「介護老人保健施設」が1.2％であった。

　高齢者虐待対策は，市町村（特別区を含む）が第一義的に責任をもって担うことと規定されており，虐待を受けたと思われる高齢者を発見した場合，市町村に通報することが義務づけられている（高虐７条１項・21条）。家庭内の虐待の場合は，市町村は高齢者の保護のために立入調査や（高虐11条），短期入所施設への入所の措置を講ずることができる（高虐９条２項）。立入調査には管轄の警察署長に援助を求めることができる（高虐12条）。

　施設・事業所内の虐待が起きた場合，市町村は都道府県に報告し（高虐22条１項），都道府県は介護保険法の規定による権限行使（指導監督）をする（高虐24条）とともに，都道府県知事は高齢者虐待に対する措置について公表することになっている。また，医師，保健師，弁護士その他高齢者の福祉に職務上関係のある者についても，高齢者虐待の早期発見に努めなければならないと，努力を促している（高虐５条）。

　なお，高齢者虐待防止に向けた基本視点としては，以下の６項目が指摘されている。①発生予防から虐待を受けた高齢者の生活安定までの継続的な支援，②高齢者自身の意思の尊重，③虐待を未然に防ぐための積極的なアプローチ，④虐待の早期発見・早期対応，⑤高齢者本人とともに養護者を支援する，⑥関係機関の連携・協力によるチーム対応などである。高齢者虐待は増加傾向にあり，より一層の対策が求められるなかで，とりわけ市町村等の体制整備の強化が喫緊の課題であることから，都道府県の指導監督部局や市町村の虐待対応部局の実務者などで構成される会議の設置を支援し，虐待における連絡・対応体制の構築や個別の虐待事案に関する定期的な情報共有などについては，都道府県と市町村の連携の強化を推進するとした。また，2018年３月には市町村等職員向けの高齢者虐待対応マニュアルである「市町村・都道府県における高齢者虐待への対応と養護者支援について」について，養護者や施設など職員の「怒りの感情のコントロール」などを含むストレスマネジメントに関する内容を盛り込むなどの改定を行った。

【呉　紅敏】

◎さらに深く学ぶための参考文献

河合克義・清水正美・中野いずみ・平岡毅編『高齢者の生活困難と養護老人ホーム』法律文化社，2019年

　　低所得で複雑な生活困難を抱える高齢者が増えるなか，ホームの役割は大きくなっている。研究者，施設・自治体職員が現代のホームの実像をリアルかつ立体的に描き，高齢者福祉のあり方を問う。

河野正輝・江口隆裕編『レクチャー社会保障法〔第３版〕』法律文化社，2020年

　　社会保障法の基本的な法制度を概説した標準的な教科書。各制度のしくみや機能について原理・原則を踏まえ概説。継続的に改革し続ける制度が抱える課題に言及。

福田志津枝・古橋エツ子編著『これからの高齢者福祉〔改訂版〕』ミネルヴァ書房，2009年

　　社会福祉士・介護福祉士をはじめ，様々な福祉の仕事を目指す人に最適な入門書。

第11章　社　会　手　当

1　社会手当とは

社会保障と社会手当　社会保障制度を社会保険，公的扶助，公衆衛生および医療，社会福祉の4つに分類するなかで，社会手当は生活保護とともに公的扶助のひとつとされる（**図表1-1参照**）。社会保険と公的扶助は，保障の財源として保険料を中心とするか公費によるのかという点で区別をすることができる。保険料中心であれば社会保険，公費負担であれば公的扶助であり，社会手当は保険料によらないことから公的扶助に分類される。しかし，給付について，所得制限はあるものの厳格な資産調査は行われず，また，定型化された金銭給付という点では社会保険と共通することから生活保護とは区別される。そこで，先の分類によらず，給付の形態に着目して社会保険，社会手当，生活保護の3つに分類する立場がある（**図表11-1**）。

　社会手当は，非保険的かつ無拠出でありながら，補足性原理を重視せず，このため厳格な資産調査を実施することなく定型的な給付を行うもので，出費の増大や所得の喪失に対して支給される所得保障制度の一角を担うものである。

2　社会手当の種類と概要

社会手当の種類　代表的な社会手当を法律の成立順にあげると，①1961年の「児童扶養手当法」，②1964年の「特別児童扶養手当法」，③1971年の「児童手当法」である。

　これら以外に，国民年金法の旧制度下で障害基礎年金の受給資格が得られな

図表11-1　社会手当の位置づけ

社会保険	公的扶助	
	社会手当	生活保護
資産要件・所得要件は通常なし	穏やかな所得調査	厳格な資産調査
保険的方法	非保険的方法	
保険料制度（保険料中心）	税制度（公費中心）	
拠出性（拠出を条件として給付）	無拠出性（拠出がなくても給付）	

い障害者（特定障害者）に対して支給される特別障害給付金（平成16年法166号）や，所得の少ない高齢者に対して支給される年金生活者支援給付金（平成24年法102号）も社会手当といえる。

1　児 童 手 当

目　的　児童手当の目的は２つある（児手１条）。ひとつは，所得保障施策としての「家庭等における生活の安定」であり，もうひとつは児童福祉施策としての「次代の社会を担う児童の健やかな成長」である。ただし所得保障といっても，低所得者だけを対象にしているのではなく，子どもの養育費が家計の大きな負担であることから，広く一般家庭も児童手当の対象とされている。

沿　革　児童手当は，経済的困窮の原因となる多子に対して国家が援助する制度として1972年に開始された。そのため，当初の支給対象は義務教育終了前の第３子以降，支給額は養育費の半分程度を賄える月額3000円で所得制限が設けられた。1975年には5000円に引き上げられたものの，経済状況が停滞したことでその後も支給額は変わらず，所得制限が強化された。1981年には受給資格を失った被用者のために特例給付が支給されるようになった。1985年，将来の社会の担い手である児童を「社会の子」として社会的に配慮する必要性に鑑み，支給対象を第２子以降に拡大，1991年には第１子から支給対象となったが，一方で支給期間は３歳児未満とされた。第３子以降の支給額は１万円となった。幼児期に限定されていた支給期間は，2006年には義務教育終了前まで延長された。2010年民主党政権下の子ども手当は，義務教育終了前ま

で所得制限なしで一律１万3000円の支給であった。自公連立政権に戻った2012年以降は児童手当となり，所得制限も復活した。2015年からは，児童手当は「子ども・子育て支援法」に基づく子どものための現金給付という位置づけとなっている（子ども・子育て支援９条・10条）。

当事者　児童手当の受給者は養育者であるが（児手４条），この養育者とは，父および母に限らず，支給要件児童を養育する者である（児手４条１項）。養育者の国籍要件は，1981年の「難民の地位に関する条約」批准にともなって撤廃されている。

　児童手当法上の児童とは，18歳に達する日以後の最初の３月31日までの間にある者である（児手３条１項）。**支給要件児童**とは，この児童のなかで，15歳に達する日以後の最初の３月31日までの間にある児童および中学校修了前の児童を含む２人以上の児童である（児手４条１項・附則７条１項）。支給要件児童は，児童手当の額を決定するときに対象となる子どもである。したがって，たとえ複数の子どもを養育していても，末子が中学校を修了していると児童手当の支給はなく，１番目の子が18歳に達した日以後最初の３月31日を過ぎていれば，３番目の子であっても，児童手当法上は第２子とされる。

支給要件　児童手当の支給は，養育者の養育の状況に応じて行われる。このため子どもの年齢や人数，養育者の収入を問題とする。前者は養育に関する支給要件，後者は所得に関する支給要件として，住所地の市町村長が受給資格を認定する際に判断することになる（児手７条１項）。

　養育者が児童手当の受給権者になるには３つの要件がある。まず，①住所要件である（児手５条１項）。児童手当は市町村長が支給するため（児手８条１項），養育者は日本国内に住所を有すること，つまり住民基本台帳に記載されていることが必要である（児手４条１項）。以前，子どもには住所要件がなかったが，現在は，留学中の場合等を除き，国内居住要件が設けられている。

　つぎに，②養育に関する要件である。養育していると認められるためには，支給要件児童を「監護」し，生計を同じくすることが必要である（児手４条）。**監護**とは，子どもの生活を監督・保護する意思をもって行うことである。ここでは親権との関係が問題になるが，監護の有無は，親権の有無とは別であり，

実態に即して判断される。生計関係については，父母には子どもとの生活の一体性（生計同一），それ以外の人には子どもの生活費のおおむね大半を支出していること（生計維持）が要件とされている。このため父母との関係では，同居していれば，生計を異にすることが明らかに認められない限り，生計同一と推定される。また別居していても生活費などが継続的に送金されていれば生計同一と認められる。生計維持の際の「生活費のおおむね大半」とは生活費の過半

COLUMN　ヨーロッパ各国の児童手当

　児童手当の充実している国をいくつか紹介する。

　フランスは子どもの養育費に対する手当（児童手当に該当）を最も早く制度化した。まず，妊娠7か月時に，胎児1人につき€947.34の出産手当が出産費用を補填するために支給される。出産後3歳まで養育費の補償として基本手当が支給される（全額支給で月額€184.62）。2人目からは家族手当も支給される（ただし，2人とも20歳以下であること）。2人の場合月額（最大，以下同じ）€131.55，3人の場合€300.10，以降1人につき€168.56加算される。また，第2子以降には14歳に達すると月額€65.78追加支給される。支給要件として，緩やかな所得制限がある。世帯所得が規定額以下の世帯には，学用品等の購入費用を補填するため，新学年度が始まる前（8月）に毎年，子どもの学年（6〜18歳まで）に応じて€469.97から€503.91の新学期準備手当が支給される。低所得の家族が3歳から21歳の子ども3人以上を養う場合には，多子手当としての家族補足手当が，子どもの人数に応じた世帯所得によって月€247.63または€171.74支給される。

　イギリスでは，所得制限がなく，16歳未満（就学中は20歳未満）の子どもに支給される。第1子は£24.0，第2子以降は1人につき£15.9（いずれも週当たり）である。

　ドイツでは，18歳未満の子どもについて支給される。所得制限はない。求職中なら21歳まで，就学中なら25歳までの子どもも対象となる。1人当たり€250である。

　スウェーデンでは，児童手当と多子割増手当がある。児童手当は16歳未満の子どもに対して，両親の所得とは関係なく支給される。多子割増手当は第2子以降が対象となり，16歳以上であっても就学中等の条件を満たせば20歳に達する年の6月まで支給される。児童手当は1人につき月額1250スウェーデン・クローナ（以下kr），多子割増手当は，第2子は150kr，第3子は730kr，第4子は1740kr，第5子以降の割増は，1250krである。

を確実に占めていて，それが常態と認められる程度である。2012年4月から
は，児童養護施設に入所している児童等についても，施設の設置者等に手当が
支給されている。

　児童手当法は，所得保障および生活の安定を目的とすることから，もうひと
つは，③所得要件である（児手5条）。民主党政権のもとでの子ども手当は，子
育て支援を社会全体で行う趣旨から，所得制限を設けていなかったが，2012年
度からは以前の児童手当となり，所得制限も復活した。

児童手当の額　児童手当は15歳到達後の最初の3月31日までの児童を養育
している父母等に支給される。2012年4月から現在まで，
1月あたり3歳未満1万5000円，3歳から小学校修了前の第1子と第2子は1
万円，第3子以降は1万5000円，中学生は1万円である。所得制限の対象となり
児童手当の支給のない世帯に対しては，当分の間の特例給付として，支給対象
児童1人につき5000円支給されているが，2022年10月から，世帯主の年収が
1200万円以上の場合は支給されていない。2024年10月からは，所得制限を撤廃
し，支払期間を高校生まで延長，第三子以降は3万円に増額される見通しであ
る。支給時期は，年3回（2・6・10月），4か月分ずつ支給される。

費　用　児童手当・特例給付の支給に要する費用は，国，地方公共団体と
一部を事業主が負担する（公務員については，児童手当・特例給付とも
それぞれの所属庁が全額負担する〔児手18条4項〕）。国，都道府県，市町村の負担
割合は4：1：1である。被用者の3歳未満児にかかる児童手当については事
業主が15分の7を負担し，残りを国，都道府県，市町村で4：1：1の割合で
負担する（児手18条1項〜3項）。特例給付の事業主負担分は国が負担する。事業
主が負担する拠出金は，保険料ではなく目的税である（子ども・子育て支援69条）。

2　児童扶養手当

沿革と目的　児童扶養手当は，離婚などにより，父と生計が同一でない母
子家庭の母または他の養育者に支給されるものであった。
1959年に国民年金制度が創設され，そのなかで父の死亡によって生活が困窮
している母子家庭のための無拠出の母子福祉年金が規定された。しかし離婚に

は本人の意思が働いていることから，離婚母子家庭は年金制度の対象とはならず，これに代わる所得保障として，1961年に児童扶養手当が創設された。このように，当初は公的扶助の性格が強い制度であった。1985年の国民年金法改正により，母子福祉年金が遺族基礎年金に衣替えされたことを契機として，児童扶養手当法も同年に改正され，次の3つの目的をもつ子どものための福祉制度として位置づけられた。まず，児童手当と同様，所得保障施策としての①「家庭の生活の安定」と，児童福祉施策としての②「児童の福祉の増進」（児扶手1条）である。このために，受給者は手当を児童の心身の健やかな成長に寄与する（児扶手2条1項）ように使うことが求められている。さらに，2002年には，③母の「自立の促進」も目的に加えられた（児扶手2条2項）。

　この間，社会状況は大きく変化している。離婚はますます増加し，また男女雇用機会均等法の成立・改正により女性の労働環境が徐々にではあるが整備されてきた。こうしたなかで，児童扶養手当は女性の自立を支援する制度という側面を強化してきている。2002年の改正で設けられた母への支給の制限規定は，このひとつのあらわれである（児扶手13条の2）。

　一方で，父子家庭には経済的支援の無いことが問題視されてきたが，2010年8月から児童扶養手当の支給対象とされるようになった。同一の子どもに対して，複数の支給要件該当者がいる場合には，父に対する手当は支給されない。

当事者と支給要件　児童扶養手当の受給者は，支給要件児童を監護する父又は母である（児扶手4条1項）。父又は母がいないかまたは監護しない場合などで，当該父母以外の者が養育する場合には，その者が受給者となる。

　児童扶養手当法上の児童とは，18歳に達する日以後の最初の3月31日までの間にある者または20歳未満で本法施行令別表1に定める程度の障害の状態にある者である（児扶手3条1項）。このうち次のいずれかに該当する子どもが支給要件児童である（児扶手4条1項・施令1条の2）。すなわち，①父母が婚姻を解消した児童，②父又は母が死亡した児童，③父又は母が政令で定める一定程度の障害の状態にある児童，④父又は母の生死が明らかでない児童，⑤父又は母が引き続き1年以上遺棄している児童，⑥児童の父又は母が裁判所からのDV保護命令を

受けた場合，⑦父又は母が１年以上拘禁されている児童，⑧婚姻によらないで生まれた児童，⑨棄児などで父母がいるかいないか明らかでない児童などである。

　これまで，公的年金を受給する場合は支給停止されていたが，2014年12月以降，年金額が児童扶養手当額に満たない場合はその差額分を受給できるようになった。複数の者が支給要件に該当するときは，母，養育者，父の順で支給される（児扶手４条の２）。父母が婚姻の届出をしているか否かは問われない。父又は母の「監護」および養育者の「養育」の内容は児童手当と同じである。住所要件は，子ども，受給者双方に課されている（児扶手４条２項１号・３項１号）。

　児童扶養手当の額　手当の額は児童扶養手当法に規定されているが（児扶手５条１項），政令により改定される。2020年４月からは，支給要件児童が１人の場合４万3160円である。第２子には１万190円，第３子以降は１人当たり6110円加算される。基本額は，前年の全国消費者物価指数に応じて増減する物価スライド制で改定される（児扶手５条の２）。

　支給停止額とは，父又は母の所得が，本法施行令で定められた限度額を超えると，それに応じて10円単位で減額される金額のことである（児扶手９条・９条の２・10条）。父又は母からの養育費はその80％が父又は母の所得に算入される（児扶手施行令４条）。

　また，父又は母に対する手当は，「支給開始の初日から起算して５年」と「支給要件に該当するに至った日の属する月の初日から７年」のいずれか早い日の属する月から減額となる（児扶手13条の２）。

　以前は４か月毎に年３回支給されていたが，2019年11月からは，受給者の家計管理を容易にするため，２か月毎（奇数月）の支給となっている。

　費　用　手当の支給に要する費用は，国が３分の１，都道府県が３分の２を負担する（児扶手21条）。事務費については国が負担する。

3　特別児童扶養手当

　目　的　特別児童扶養手当を規定する「特別児童扶養手当等の支給に関する法律」は，障害児福祉手当および特別障害者手当についても規定している。法の目的は，障害児，重度障害児，特別障害者にそれぞれ手当を

支給することにより福祉の増進を図ること
にある（特児扶手１条）。

特別児童扶養手当・障害児
福祉手当・特別障害者手当

特別児童
扶養手当

の受給者は，障害児を監護する父または母
である。もし父母がいないか，または父母

図表11 - 2　特別児童扶養手当の額

特別児童扶養手当	1 級　52,500円
	2 級　34,970円
障害児福祉手当	14,880円
特別障害者手当	27,350円

（2020年 4 月から）

が監護をしない場合は，父母以外の養育者が受給者である（特児扶手３条１項）。
「監護」「養育」の内容は，児童手当と同じである。ここでいう障害児とは，20
歳未満で精神または身体に障害のある子どもである。障害の程度は，本法施行
令別表による１級および２級である。

　障害児福祉手当は在宅の重度障害児に支給される（特児扶手17条）。重度障害
児とは，特別児童扶養手当の支給対象となっている障害児のうちで，日常生活
において常時介護を必要とする者である（特児扶手２条２項）。ただし，肢体不
自由児施設などに入所している場合は受給できない（特児扶手17条２号）。

　特別障害者手当は在宅の特別障害者に支給される（特児扶手26条の２）。特別
障害者とは，20歳以上で著しく重度の障害があって日常生活において常時介護
を必要とする者である（特児扶手２条３項）。ただし障害者支援施設またはこれ
に類する施設に入所していたり，病院または診療所に継続して３か月以上入院
していたりする場合は受給できない（特児扶手26条の２）。

　そのほかの要件としては，①当該障害を支給事由とする公的年金を受給して
いないこと，②受給者および障害児は日本国内に住所を有すること，③児童扶
養手当と同様に所得制限が設けられていることなどがあげられる。

　手当の額は**図表11 - 2**に示すとおりである。すべて月額である。

3　今後の課題

　社会手当は，おもに子どもの養育に資する制度として，子どもの福祉の実現
を目指してきた。しかし今日ではそれに加えて，少子化対策における子育て支
援という役割も担っている。これら２つの目的を持つようになったことで運用

は難しくなっているが，いずれにせよ養育者の経済的負担は軽減される。

2013年，生まれ育った環境によって子どもの現在と将来が左右されないよう，子どもの貧困対策を総合的に推進することを目的とする「子どもの貧困対策の推進に関する法律」が制定されたが，依然として子どもの貧困率は高水準のままである。生活支援，教育支援，就労支援，経済的支援等，多方面から子どもの貧困に対応しようというなかで，本章と関連するところでは，児童扶養手当と公的年金との併給調整の緩和があげられる。従来，全部または一部が支給停止されていたものが，差額につき，児童扶養手当として受給できるよう改正されている。

さらにコラムで取り上げた諸国では，児童手当の支給対象年齢の上限は，大学などに在学している場合，18歳から20歳まで認められていることが多く，給付型奨学金も充実している。これは高等教育に対する修学支援の側面があり注目される。わが国での高等教育における経済的支援は，奨学金（多くは償還型）を除けば皆無といった状況である。このような修学支援を３つ目の目的とすべきか，今後の検討課題である。

【和田美智代】

◎さらに深く学ぶための参考文献

中央法規出版編『児童手当法の解説 五訂』中央法規出版，2013年
　児童手当制度の概要および逐条解説，制度の経緯，主要国の制度の紹介。

国立社会保障・人口問題研究所編『子育て世帯の社会保障』東京大学出版会，2005年
　子育て世帯の現状，所得保障の分析評価などから福祉の必要性を説く。

大塩まゆみ『家族手当の研究―児童手当から家族政策を展望する』法律文化社，1996年
　家族手当創設の背景，目的，現況と今後の課題，展望を詳述。

内閣府 HP「児童手当制度の概要」http://www8.cao.go.jp/shoushi/jidouteate/gaiyou.html
　内閣府による児童手当制度の概要。

国立社会保障・人口問題研究所 HP「社会保障統計年報データベース」第217表―第220表 http://www.ipss.go.jp/ssj-db/ssj-db-top.asp
　児童手当，児童扶養手当，特別児童扶養手当の受給者（世帯）数および児童手当の支給対象児童数，支給額の状況，費用負担等についての統計資料である。

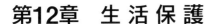

第12章　生　活　保　護

1　生活保護とは

1　身近にある貧困

　Aさん（28歳・女性）は，夫の暴力に耐えかねて半年ほど前に離婚し，現在は2歳になる息子とアパートで暮らしている。目下貯金を取り崩して何とか生活しているが，このままでは行き詰まるのが目に見えているので，早く仕事をみつけたい。しかし，小さな子どものいる母子家庭の母親が仕事をみつけるのは難しい。Aさんは，あせりを感じずにはいられない。

　Bさん（77歳・女性）は，月数万円の老齢基礎年金で生活している。生活は常にギリギリである。死ぬまでこのような生活が続くのだろうか。残された人生のことを考え，Bさんは不安とやるせなさを抑えきれない。

　Cさん（25歳・男性）は，期間従業員として工場で働いている。3か月の有期労働契約の更新を繰り返して1年間働いてきたが，この先いつ契約更新が打ち切られるかわからない。賃金も低く，自分1人が食べていくのが精いっぱいで，貯金することもままならない。まして結婚して家庭を作るなど，夢のまた夢のことのように思える。

　…このような事例は枚挙にいとまがない。現在の日本社会では，上記のような苦しい生活を強いられている人が幅広い世代に存在している。生活保護を受ける人の数も，若干減少傾向はみられるものの，依然として高水準にとどまっている。重要なのは，このような「貧困」は誰にでも起こりうる身近な問題であり（自分は決してAさんらのようにはならないと，誰が断言できるだろうか），事実，それが幅広い世代に広がっていることと，その貧困が必ずしも個人の責任ではなく，社会的な要因によって引き起こされている側面がある，ということである。そこで必要とされるのが，「最後のセーフティネット」としての生活保護制度である。

2　生活保護の役割

　生活保護は，このような貧困問題に対応し，すべての国民に「健康で文化的な最低限度の生活」を権利として保障するための制度である。

　生活保護の役割は大きく分けて2つある。第1は，社会保障の体系における「最後のセーフティネット」としての役割である。これまで本書の各章で，日常生活上のリスク（高齢，失業，病気・けが，離婚，子育て…）に個別に対応するための社会保障の諸制度について学んできたが，これらだけでは，生活困難や貧困を完全に防ぐのは，残念ながら不可能である。生活保護は，そのような際に必要とされるものである。

　第2は，生活保護制度において，最低限度の生活水準を定めることによって，国民に保障された**ナショナル・ミニマム**（国家的最低限）を示す，という役割である。このナショナル・ミニマムを示す生活保護の基準は，ここへきて引き下げられる傾向にあり，ナショナル・ミニマムや生活保護制度は，現在大きな転換期を迎えている。

　このように，生活保護は，社会保障体系における（ということは社会全体における）「最後のセーフティネット」として重要な役割と機能を果たし，私たち国民の生活を底支えしている。

2　生活保護のしくみ

1　生活保護の目的

　生活保護法1条は，生活保護の目的として，「**最低生活保障**」と「**自立助長**」の2つを掲げている。

　最低生活保障　憲法25条の保障する生存権の理念を具体化し，国民に健康で文化的な最低限度の生活を保障することが，生活保護の第一義的な目的である。そのために生活保護法は，保護の基本原理，基本原則，保護の種類・方法等について具体的に規定している。

　自 立 助 長　しかし，人間の尊厳（人たるに値する生活）を保つためには，最低限度の生活を保障するだけでは十分とはいえない。そこ

で生活保護法は，利用者の自立の助長を第2の目的として掲げた。

　ここにいう「自立」とはどのような生活状態を指すのであろうか。従来，自立とは，保護を受けずに済むようになった状態，すなわち「**経済的自立**」を指すものと考えられてきた。したがって，生活保護において行われる自立に向けた方策も，従来は就労に向けた指導が中心であった。

　しかし，生活保護受給世帯には，高齢者世帯，障害者世帯などのように，社会的にハンディを負っている者も多く，また，これらの世帯は長期にわたって保護を受け続ける傾向が強い。そのような世帯に，単に経済的な自立だけを求めることが果たして妥当か，という問題がある。

　この意味で，生活保護法にいう自立とは，単なる経済的自立だけではなく，「**社会的自立**」ないし「**人格的自立**」の観念を含むもの，という理解が一般的となってきている。社会的自立ないし人格的自立とは，生活保護の利用者が社会的弱者としてではなく，生活保護を含む社会保障制度等を活用しつつ，社会のなかで主体的に生活していく，という考え方である。憲法13条に規定される「個人の尊厳，生命・自由・幸福追求権」の理念もこのことを裏打ちしている。

　生活保護には，それを受けること自体が恥，といったイメージがいまだに根強いのも事実である。だが，上記のような自立の理念や，個人の尊厳の理念に照らせば，保護はすべての国民に認められた権利であり，利用者が権利主体として尊重されなければならないことはおのずから明らかであろう。現在の保護の現場においても，このような理念の転換と，その具体化に向けた取り組みが行われつつある。

2　基 本 原 理

　生活保護法は，保護の土台となる基本原理として，以下の4つを定めている。

国家責任の原理
（生保1条）　生存権が国民に保障された基本的人権であることから，その具体化である保護の実施責任も第一義的には国家が負うことになる。そこには，貧困の発生要因が必ずしも個人ではなく，社会にあることが社会的に容認され，その結果として基本的人権として生存権が保障

174

されるに至ったという歴史的背景がある。

　この原理から，生活保護の費用は，その4分の3を国家が負担することとなっている（残りは都道府県・市区町村が負担）。この負担率は，他の社会福祉制度に比べても高率である。

無差別平等の原理（生保2条）　生存権に基づく保護請求権が「すべての国民」に認められた権利である以上，国民は，法に定められた要件を満たす限り，無差別平等に保護を受けることができる。このことから，保護の対象者に年齢や性別などによる制限を設けることはできず，生活困難に陥った要因も問われない（これを保護における「**一般扶助主義**」という）。

　生活保護の前身である戦前の恤救規則や救護法では，保護の対象が大幅に制限されていた（これを一般扶助主義に対し「**制限扶助主義**」という）。1946年に制定された旧生活保護法は，全体としては一般扶助主義を採用しつつも，素行不良者や勤労を怠る者については保護を行わないとする「欠格条項」を残していた。現在の生活保護法では，このような規定は排除され，一見「怠惰」あるいは「素行不良」とみえる人々にも無差別平等に保護が行われる。このことも，基本的人権としての生存権の理念の表れである。

　無差別平等との関係でもう1つ問題となるのが，日本に在留する外国人に保護が認められるか，という点である。生活保護法1条および2条が，生活保護受給権の対象者を，文言上「すべての国民」と規定しているためである。この点については，1954年の厚生省通知によって，永住者などの定住外国人に対して保護を「準用」するという取り扱いが行われている（保護の内容自体は日本人と同水準。ただし，留学生や非正規滞在の外国人には保護自体が認められない）。あくまでも「準用」なので，その保護は法的な権利に基づくものではないとされており，不服申立てや訴訟の提起も認められてこなかった。これに対し，永住資格を有する外国人は日本人と同様の待遇を受ける地位が法的に認められているとする高裁判決が2011年に出され，注目されている（**高訴訟**・福岡高判平成23・11・15判タ1337号104頁。ただし，その上告審である最判平成26・7・18賃社1622号30頁により，本判決は破棄されている）。

　この点については学説も分かれており，内外人平等原則から外国人にも生活

保護の適用を認めるべきであるとする見解がある一方，生活保護法を外国人に適用しないことをもって違法とは言えないとする見解も有力である。

最低生活保障の原理（生保3条）　生活保護法3条は，最低生活について規定している。これは憲法25条の理念を改めて確認したものである。何をもって「健康で文化的な最低限度の生活」というかは難しい問題であるが，制度のうえでは，生活保護法8条（基準及び程度の原則，後述178頁）に基づいて厚生労働大臣が定める保護基準などによって具体化される。

　問題は，この保護基準設定にあたり，厚生労働大臣の裁量がどの程度まで認められるのかという点であるが，この点について初めて争われたのが有名な**「朝日訴訟」**である。この訴訟では，生活扶助（後述182頁）における入院患者日用品費（当時月額600円）が生存権の理念に照らして低額にすぎるのではないか，という点が争われたが，最高裁は「何が健康で文化的な最低限度の生活であるかの認定判断は，いちおう，厚生大臣の合目的的な裁量に委されて」いるとして，基準の設定について，厚生大臣（当時）の広範な裁量権を認めた（最判昭和42・5・24民集21巻5号1043号）。

　保護基準（とくに生活扶助基準額・詳細は後述179頁）は，2013年度〜2015年度および2018年度〜2020年度の2度にわたって，基準額の引下げを主体とする改定が行われ，現在（2021年度）は2020年度基準額から据え置きのまま推移している。

保護の補足性の原理（生保4条）　**(1) 保護の補足性の意義**　保護の補足性は，他の社会保障制度にはない生活保護独自の考え方であり，制度の運用上も重要な意味をもつ基本原理である。

　現代社会における私たちの日常生活は，「自己責任」が基本である。私たち個人は，自身の生活のために，あらゆる自助努力を尽くすことが求められる。しかし，それでもなお最低限度の生活を維持することが不可能な場合に，その不足分を補う形で生活保護が機能する。逆にいえば，個人が自身に可能な自助努力を尽くした後でなければ，保護は受けられないということである。このことを示したのが生活保護法4条の保護の補足性である。

　(2) 保護の要件としての補足性　生活保護法4条は，まず第1項で，保護

を受けるための「要件」として，「資産，能力，その他あらゆるもの」の活用を求めている。これが上記の「自助努力」に相当する。これらについて，以下少し具体的にみてみよう。

(a) 資 産　　まず，活用すべき「**資産**」とは，一定額以上の現金や預貯金，自動車，不動産，貯蓄性の高い保険など，およそ換金可能なものの一切を指す。しかし，「活用」のためにすべての資産を処分して，丸裸の状態になってしまったのでは，最低限度の生活すら維持できなくなってしまい，かえって制度の趣旨を損ねることになる。そこで，保護に際しても，最低限度の生活の維持に必要な一定の資産については保有が認められている。

保有が認められる資産の範囲としては，まず現に居住している家屋とそれに付属する宅地等の不動産については，そのまま保有が認められる。ただし，2007年度から，高齢者については，**生活福祉資金貸付制度**による宅地を担保とした貸付を優先する制度（いわゆる**リバースモゲージ**）が設けられている。

自動車は原則として保有が禁止されており，例外的に身体障害者および過疎地の居住者が通勤に使用する場合に限り保有が認められる。被保護世帯における自動車保有に関しては，自動車の借用を禁止した福祉事務所の指導指示は違法ではないとしつつも，自動車保有の要件を緩和すべきであるとし，自動車を借用したことを理由とする保護廃止処分は重すぎるとして処分を取り消した**増永訴訟**（福岡地判平成10・5・26判タ990号157頁）がある。

冷蔵庫などの耐久消費財（いわゆる家電製品）については，被保護者の居住する地域の一般世帯における普及率が70％を超えているものについては保有が認められる。ただし，過去にこの基準を厳密に適用し，エアコンの保有を禁じられた高齢の被保護者（女性）が脱水症状により瀕死の重症となった事例があったことから，これらの物品の保有については，上記の基準に照らしつつも，被保護者の実態に応じて柔軟に判断すべきものとされている。

保護開始時の預貯金は，生活上のやり繰りのための資金として，被保護世帯の最低生活費の2分の1程度までの保有が認められる。また，保護開始後の保護費についても，一定の目的（病気入院時の看護，大学進学費用など）がある場合には，保護費をやり繰りしての貯蓄が認められている。看護目的から保護費を

やり繰りし貯蓄をした場合において，その目的が生活保護法の趣旨に合致し，社会通念上高額にならなければ保有を認めるべきであるとした判例に**加藤訴訟**（秋田地判平成 5・4・23判時1459号48頁）がある。

保険のうち，学資保険については，満期保険金が50万円程度のものは保有が認められ，生命保険については解約金，保険料などが少額であれば保有が認められる。保護費を原資とした学資保険の保有を認めた判例に**中嶋訴訟**（最判平成16・3・16判時1854号25頁）がある。

　（b）能　力　つぎに「能力」であるが，この場合の能力とは労働能力（稼働能力）のことを指す。健康で労働能力があり，なおかつ適当な働き口がある場合には保護は認められない。しかし，現在のような経済状況下で，思うように就職先がみつからないケースはままありうる。したがって，単に労働能力があり，それを活用していないとの理由のみで保護を認めないとする取り扱いには慎重な判断が求められる。

この点が直接争われた判例として**林訴訟**がある。同訴訟の一審判決（名古屋地判平成 8・10・30判時1065号34頁）は，要保護者に労働能力がある場合でも，その人に働く意思があり，しかし働こうとしても実際に働く場所がなければ「利用し得る能力を活用していない」とはいえない，とする判断を示した。ただし，同訴訟の二審判決（名古屋高判平成 9・8・8判時1653号71頁）は，総論としては一審判決と同様の判断を維持しつつも，当時の有効求人倍率からして就業場所が存在していた可能性は否定できないとして，原判決を取り消している（同訴訟は最高裁に上告がなされたが，その途中で原告が死亡したため，上告が棄却され，原告の敗訴が確定している）。

また，いわゆる**新宿七夕訴訟**（東京地判平成23・11・8 賃社1553・1554号63頁）では，稼働能力の不活用を理由に保護申請を 3 度にわたり却下された事案につき，本人に働ける場がなければ「法は不可能を強いることはできない」として，福祉事務所の却下処分を取り消している。その二審判決（東京高判平成24・7・18賃社1570号42頁）も一審判決を支持し，確定している。

　（3）保護に「優先」する事項　生活保護法 4 条は 2 項で「民法上の**扶養義務者による扶養**」および「他の法律による扶助」が保護に「優先」して行われ

るべき旨を定めている。あくまでも「優先」であるため，扶養に関しては，保護開始後に扶養義務者からの仕送りなどの支援があった場合に，それが収入として認定されるという程度にすぎず，この点，「要件」とは異なる。

　扶養義務の程度には「**生活保持義務**」と「**生活扶助義務**」がある。生活保護との関係で意味をもつのは前者であり，これは①夫婦相互間，②親と未成熟子（親から独立して生活できない子ども）との間の扶養義務関係である。これらには強い扶養義務（1きれのパンも分かち合うほどの）が妥当するが，保護との関係では扶養が可能であれば，という程度にすぎない。

　他の法律による扶助（他法・他施策）については，生活保護が社会保障体系における「最後のセーフティネット」であるとの位置づけから，他の社会保障制度などによって救済が可能である場合には，そちらの活用が優先となる（**保護における他法優先の原則**）。

3　基本原則

　基本原理とならんで，生活保護制度運用上の指針となる基本原則が4つ定められている。

申請保護の原則
（生保7条）　　生活保護法は，申請行為は国民の保護請求権の発動であるとの見地から，保護は申請があって初めて開始されるとする「申請保護の原則」を定めている。ただし，要保護者が急迫した状況にあるときは，福祉事務所は本人の保護申請がなくとも必要な保護を行うことができる（これを「**職権保護**」という。同条ただし書）。

　申請は，書面で行うこととされているが（生保24条1項・2項），「特別の事情」がある場合はこの限りではない（同条1項ただし書・2項ただし書）。このことから，行政実務においては，申請の意思が明確であれば，口頭による申請なども認められると解されている。

基準及び程度の原則
（生保8条）　　保護の実施は，厚生労働大臣の定める基準により測定した要保護者の基準を基とし，そのうち，その人の金銭または物品で満たすことのできない不足分を補う程度において行われる（175頁参照）。このように，厚生労働大臣の定める保護基準は，最低生活水準を

示すと同時に，保護の要否や支給額を決定する際の基準となるという2つの役割を有している。

保護基準は，毎年4月に厚生労働大臣告示によって示され，要保護者の最低生活需要に対応するため，年齢別，世帯人員別，地域別などにより細かく設定されている。地域別では，全国を市町村単位で1級地—1から3級地—2までの6地域に分ける**級地制**が採用されている。この基準をもとに，要保護世帯の最低生活費を算定し，それと当該世帯の収入を比較したうえで，収入が最低生活費を下回る場合には不足分が保護費として支給される。

必要即応の原則（生保9条）　保護は，要保護者の年齢別，性別，健康状態等その個人または世帯の実際の必要に応じて有効かつ適切に行うものとするという原則である。補足性の原理の項で紹介したエアコンの例のように，法を画一的・機械的に運用するのではなく，個々の要保護者の実情に応じて保護を実施すべきであるとの趣旨に基づく原則であり，現場での制度運用上重要な意味をもつ。このように，保護を要保護者の実情に応じて行う「保護の個別性」は社会保障体系における生活保護の特性を示すものであるといえる。

世帯単位の原則（生保10条）　保護の要否およびどの程度の保護を行うかの決定は，個人ではなく世帯を単位として行うとする原則である。これは，生活困窮という状態が，生計を同一にしている世帯全体を観察して把握される現象であるという社会通念に基づくものであるとされている。

保護の単位としての世帯の認定においては，保護申請時現在の居住実態が重要視される。すなわち，その世帯の構成員であるかどうかは，同じ家屋で生活しているかどうか（住居の同一性）と，生計を一にしているかどうか（生計の同一性）の2つの基準によって判定される。その際，親族等の血縁関係にあるかどうかは必ずしも必要とされず，逆に上記の基準に該当すれば，他人であっても世帯の構成員であるとされる。

ただし，世帯を単位として行うことが困難である場合には，個人を単位として保護の要否や程度を定める「**世帯分離**」の取り扱いも認められている。具体的には，当該世帯の長期入院患者を分離してその人に対してだけ保護を実施したり（**自立助長的分離**），稼働能力があるにもかかわらず，それを活用しようと

しない人だけを分離して，その人を保護の対象から外す（**罰則的分離**）などの場合が考えられる。

4　生活保護利用のプロセス

保護の申請
・実施責任

生活に困窮する人が生活保護を利用したいと考えた場合，以下のプロセスを経るのが一般的である。

①受付→②相談→③申請→④調査→⑤要否判定→⑥保護開始決定→⑦保護の実施

　保護の申請は，通常，申請者の居住地を管轄する**福祉事務所**で行う（**居住地保護**。生保19条1項1号）。この場合の居住地とは，居住事実の継続性・期待性（これまで継続的に居住してきたか，これからも居住し続けるか）がある場所をいい，住民登録などの形式的な要件は必要とされない。

　ホームレスなどのように居住地がないか，明らかでない場合には，その人が現に存在する場所（現在地）を管轄する福祉事務所が保護を実施する（**現在地保護**。生保19条1項2号）。

申請に先立っての「相談」

生活に困窮する人が福祉事務所を訪れた場合，いきなり申請手続に入るのではなく，それに先立って職員（現業員＝ケースワーカー）との相談が行われるのが一般的である。この相談は，法的に位置づけられたものではないが，実務上は重要な意味をもっている。実際に，申請に至らずに相談だけで終わるケースも多い。ただし，保護の要否は，本来申請を受理したうえで判断すべきものであり，安易に申請が拒否されたりするようなことがあってはならない。

調査と要否判定

申請が受理されると，当該世帯の収入その他の生活状況を確認するための調査が行われる。その結果に基づき，保護の**要否判定**が行われ，保護が必要と認められた場合には保護開始決定，現段階では不要と判断された場合には却下処分が行われる。これらの決定は，申請から14日以内に行われなければならない（生保24条3項。ただし，特別の事情があるときは30日まで伸ばすことができる。同項ただし書）。

保護の実施　保護開始決定がなされると，保護実施の段階となる。被保護者には，その立場上認められた権利と，守らなければならない義務とがある。それらは次のとおりである。

①被保護者の権利

・**不利益変更の禁止**（生保56条）　保護は，正当な理由がなければ不利益に変更されることがない。

・**公課禁止**（生保57条）　保護金品を基準として租税その他の公課を課せられない。

・**差押禁止**（生保58条）　保護金品または保護を受ける権利を差し押さえられることがない。

②被保護者の義務

・**譲渡禁止**（生保59条）　保護を受ける権利は，他人に譲り渡すことができない。

・**生活上の義務**（生保60条）　被保護者は，勤労に励み，節約に努め，生活の維持，向上に努めなければならない。

・**届出の義務**（生保61条）　被保護者は，生計の状況，居住地，世帯構成等に変更があった場合には福祉事務所長に届け出なければならない。

・**指導指示に従う義務**（生保62条）　保護の実施機関の指導指示に従う義務である。

③福祉事務所長の**指導指示**

保護の実施機関は，被保護者に対して，生活の維持，向上その他保護の目的達成に必要な指導または指示を行うことができる（生保27条1項）。ただし，この指導指示は，利用者の自由を尊重し必要最少限にとどめなければならず（同条2項），被保護者の意に反して強制することはできない（同条3項）。そのため，指導指示は書面によることとされており（ただし実務上は書面に先立って口頭での指導指示が行われるのが一般的である），その内容は妥当・適切なものでなければならない。

被保護者が指導指示に従わない場合，保護の実施機関は保護の内容を変更し，または保護を停止・廃止することができる（生保62条3項）。

5　保護の種類および内容

保護の種類　生活保護には，生活扶助・教育扶助・住宅扶助・医療扶助・介護扶助・出産扶助・生業扶助・葬祭扶助の8種類の扶助が用意されている（**図表12-1**参照）。それぞれに基準が設定されており，被保護世帯のニーズに応じて，これらの扶助を適宜組み合わせて保護を実施することになる。以下，出産扶助および葬祭扶助以外の各扶助の内容について概説する。

各扶助の内容　(1)　**生活扶助**（生保12条）　飲食物費，被服費，光熱費などの生活の需要を満たすもの，および転居費用や保護施設への入所の費用といった「移送」の費用に関するもので，保護の中心かつ基本となるものである。生活扶助は，基準額が年齢ごとに設定される第1類費と，世帯の人数ごとに設定される第2類費から構成されており，両者の合計額が当該世帯の生活扶助の額となる。これに，世帯の状況に応じて「各種加算」がなされ，臨時的な支出については「一時扶助」が給付される。

(2)　**教育扶助**（生保13条）　義務教育にともなって必要な学用品や学級費，給食費や入学準備金などを給付する。義務教育期間に限定された給付であり，高校就学に必要な費用は生業扶助から給付される。

(3)　**住宅扶助**（生保14条）　住居およびその補修その他住宅の維持に必要なものに関する給付である。賃貸住宅については，一般基準と特別基準の組み合わせにより，家賃相当額が支給される（ただし世帯の人数に応じた上限額が設定されている）。

(4)　**医療扶助**（生保15条）　国民健康保険と同様の医療を，被保護者の自己負担なしで保障するものである。医療扶助を利用する場合，事前に福祉事務所に医療券の発行を申請し，指定医療機関にそれを提出したうえで，現物給付により医療サービスを受けることとなる（ただし，急病の場合などは，医療券発行の申請を事後的に行うことも認められている）。

医療扶助費は，年間の生活保護費用の約半分を占めている。このため，医療費の「適正化」（医療扶助費を減少させること）が生活保護制度上の大きな課題の1つとなっている。このことから，2013年の法改正では，医療扶助における後発医薬品（いわゆるジェネリック医薬品）の使用促進が法律上明記され，さらに

図表12-1　生活保護基準等体系図

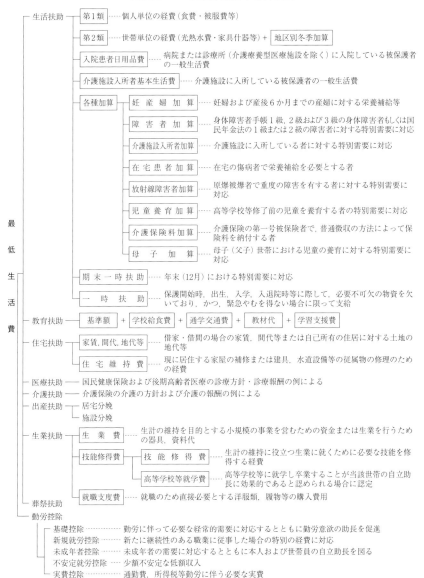

注：このほか，救護施設，更生施設入所者についての入所保護基準がある。
出所：『最新　社会福祉士養成講座4　貧困に対する支援』中央法規，2021年，77頁。

2018年10月からは，ジェネリック医薬品の使用が原則とされることとなった（生保34条3項）。

(5) **介護扶助**（生保15条の2）　被保護者に介護保険と同様の介護サービスを保障するための給付である。

(6) **生業扶助**（生保17条）　生業日（自営業の運転資金等）や，就業に必要な資格を身につけるための技能習得費，就職支度費（衣服などの購入費）などに対する給付である。高校就学の場合は，公立高校授業料相当が給付される。

居宅保護と施設保護　上記の各扶助を内容とする保護は，居宅での保護を原則とする（生保30条1項）。ただし，①居宅保護ができないとき，②居宅保護では保護の目的を達しがたいとき，③被保護者が希望したときは，生活保護施設での保護が例外的に認められている（同項ただし書）。生活保護法により設けられている保護施設には，**救護施設**，**更生施設**，**医療保護施設**，**授産施設**，**宿所提供施設**の5種類がある（生保30条1項・38条）。

自立支援プログラムの実施　2005年度から，生活保護において，従来の扶助に加え，被保護世帯の自立支援プログラムが本格的に導入，実施されている。これは，従来から行われている就労による自立を目指すばかりでなく，身体・精神の健康の維持・回復，自身の健康・生活管理など，日常生活において自立した生活を送ること（日常生活自立）や，社会的なつながりを回復・維持し，地域社会の一員として充実した生活を送ること（社会生活自立）を目指すためのものであり，生活保護を従来の金銭的給付中心の制度から，自立支援のための制度に転換することを目的とするものである。自立支援プログラムについては，種々の課題が指摘されつつも，各実施機関の努力により，次第に成果をあげつつあることが報告されている。

6　保護の実施体制および財源

保護の実施機関　生活保護の事務は，**福祉事務所**が行う。福祉事務所は，都道府県および市では必置とされているが，町村については任意設置である。福祉事務所を設置していない町村の生活保護の事務は，当該町村の属する都道府県の福祉事務所が担当することとなる。

　福祉事務所で実際に生活保護の業務を担うのが**ケースワーカー**（法律上は**現業員**という）である。ケースワーカーは，一定の地域を担当し，被保護者との信頼関係を基本に，ソーシャルワークの対人援助技術を用いて被保護者の生活課題の軽減・解決のための活動をすることになる。

　そのような意味から，ケースワーカーは，社会福祉主事任用資格を有する者でなければならない（社福15条6項）とされているが，実際には現場での人手不足や移動人事の関係で，この資格を有していないケースワーカーもおり，保護実施における専門性確保が課題となっている。

　また，一部では依然として保護の不正受給のケースがみられることから，2013年の法改正において，不正受給への厳正な対処（福祉事務所の調査権限の拡大（生保29条），罰則の引上げおよび不正受給に係る返還金の上乗せ（生保78条），扶養義務者への通知および報告徴収の法定化（生保28条）等）を内容とする規定が設けられた。

生活保護の財源　生活保護に関する費用は，すべて租税によりまかなわれている。その費用は，市町村および都道府県が支弁（さしあたり支出すること）する。生活保護費などのうち，国が4分の3，市町村と都道府県が4分の1を負担する（施設整備費については国と地方自治体が2分の1ずつ負担する）。

7　不服申立てと訴訟

争訟権の意義　保護の開始，却下，変更，停止，廃止などの決定は，いずれも福祉事務所長による行政処分として行われる。保護が憲法上認められた権利であることから，これらの決定や指導に不服がある場合には，**不服申立て**（**審査請求・再審査請求**）や行政訴訟の方法により争うことができる。

審査請求　被保護者は，福祉事務所長の処分などに不服がある場合には，その処分を知った日の翌日から起算して3か月以内に，都道府県知事に対して不服申立ての1つである審査請求を行うことができる。知事は，申立てから50日（第三者委員会への諮問をする場合は70日）以内にそれに対する判断（＝**裁決**）を出さなければならない。生活保護に関する処分の取消

図表12-2　不服申立ての手順

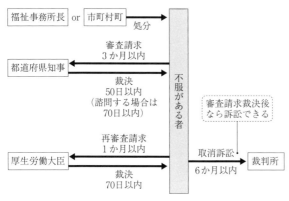

出所：前掲『最新　社会福祉士養成講座4　貧困に対する支援』97頁。

しを求める行政訴訟は，この審査請求に対する裁決を得たうえでなければ提起することができない（審査請求前置主義。生保69条）。行政訴訟よりも手続が簡易迅速な審査請求を先に行うことにより，行政の誤りを迅速にただすことを目的としたしくみである。

再審査請求と行政訴訟の提起　知事の裁決に不服がある場合は，裁決を知った日の翌日から起算して1か月以内に厚生労働大臣に対して再審査請求をするか，6か月以内に地方裁判所に対して行政訴訟を提起することになる。このいずれにするかについては，不服のある者が選択することができる。

　再審査請求に対し，厚生労働大臣は70日以内に裁決を出さなければならない。再審査請求にも不服がある場合は，裁決を知った日の翌日から起算して6か月以内に地方裁判所に行政訴訟を提起することができる。

3　生活保護および生活困窮者支援の動向と課題

生活保護の動向　生活保護の受給者数は，2014年の約217万人をピークとして，被保護人員（保護を受けている人の数），被保護世帯数ともに減少傾向が続いている。厚生労働省2021年3月現在の速報値によると，被保護人員は204万3423人，被保護世帯数は163万8787世帯であった。生活困窮者自立支援法による就労・自立支援の成果もあるとされているが，全体としていまだに高水準にあることに変わりはない。新型コロナウイルス感染症の感染拡大による雇用情勢の変化や世帯における所得の減少により，今後の保護

の動向に何らかの変化がみられることも予想される。

　保護の動向の特徴として，被保護世帯のうちでも，高齢者世帯の割合が高い（被保護世帯数の55.8%）ことがあげられる。また，被保護世帯の高齢者世帯では，単身世帯が圧倒的多数を占めており（被保護世帯数に占める恒例の単身世帯数の割合は51.4%），この割合は現在も増加傾向である。このような動向からも，生活保護，さらには社会保障全体が抱える課題の一端を垣間見ることができる。

被保護者の就労自立の促進と生活困窮者自立支援法

　2013年の法改正において重要な課題の１つとされた事項として，被保護者の就労による自立の促進があげられる。その背景には，当時，保護受給世帯のうち，いわゆる「その他世帯」に増加傾向がみられたということがあった。「その他世帯」とは，保護受給世帯のうち高齢世帯，母子世帯，傷病・障害世帯以外の世帯を指すが，ここには，就労可能な稼働年齢層が少なからず含まれていると推定された。

　このため，2013年の法改正において，被保護者の就労による自立の促進を図るための事業等に関する規定が設けられた。その主な内容は，保護からの脱却を促すための給付金（就労自立給付金）の創設（生保55条の４・55条の５），就労の支援に関する問題につき，被保護者からの相談に応じ，必要な情報の提供および助言を行う事業（被保護者就労支援事業）の実施（生保55条の６）等である。

　また，この改正に合わせて，新たに「生活困窮者自立支援法」が制定された（2015年４月施行）。同法は，生活保護に至る前の段階の自立支援策の強化を図るため，生活困窮者に必要な支援を行うことを目的としており，必須事業として自立支援事業（福祉事務所設置自治体（もしくはその委託を受けた民間団体）による就労支援その他自立に関する相談支援事業の実施，生活困窮者のニーズ把握および分析，ならびにそれらに基づく自立支援計画の策定等）や住宅確保給付金の支給等の実施が規定されている。先に2011年に制定された求職者支援法と相まって，既存の社会保険等と生活保護の間にいわゆる「第２のセーフティネット」を構築することにより，稼働年齢層が就労の機会を得られないまま保護受給へ至ることを未然に防止することを主眼とするものである。

　現在，上記の生活保護法改正法や生活困窮者自立支援法，それに求職者支援法という重層的な法構造のなかで，生活困窮者の就労支援を中心とした取り組みが強化されつつある。

　これらはいずれも，従来指摘されてきた生活保護制度の課題に対応したものであるが，被保護世帯の過半数を占め，保護の長期化・固定化が課題となっている高齢世帯への対応などの課題は未解決のままとなっている。この改正内容やその成果に対する評価なども含め，今後も最低生活保障制度としての生活保護制度や，生活困窮者支援のあり方について，国民的な議論を継続していく必要がある。

【脇野幸太郎】

◎さらに深く学ぶための参考文献

増田雅暢・脇野幸太郎編『よくわかる公的扶助論―低所得者に対する支援と生活保護制度』法律文化社，2020年

　　社会福祉士養成の指定科目「低所得者に対する支援と生活保護制度」の内容を網羅した「公的扶助論」について，その中心となる生活保護制度の概要や歴史について要点をわかりやすくコンパクトにまとめたテキスト。

吉永純・布川日佐史・加美嘉史編『現代の貧困と公的扶助―低所得者に対する支援と生活保護制度』高菅出版，2017年

　　社会福祉士・精神保健福祉士の受験者向けであり，福祉関係者の実践に役立つ書でもある。関連の法律や生活保護裁判一覧など，豊富な資料が参考になる。

吉永純『生活保護「改革」と生存権の保障―基準引下げ，法改正，生活困窮者自立支援法』明石出版，2015年

　　2013年の生活保護法改正・生活困窮者自立支援法制定後の争点や課題を，裁判例や審査請求等の事例も含め，著者ならではの視点で分析し今後の生存権保障や生活保護の展望を示した専門書。

小山進次郎『生活保護法の解釈と運用〔改訂増補復刻版〕』全国社会福祉協議会，2004（1975）年

　　現行生活保護法制定時の厚生省保護課長によるコンメンタールである。初版は法制定時の1950年であるが，法律解釈書としての価値はいまだ衰えていない。

第13章　権利擁護と成年後見制度

1　権利擁護とは

　権利擁護の範囲を整理すると「人格権」（自己決定支援や成年後見制度），「社会権」（介護保険法などの福祉サービス法），「自由権」（虐待防止法等），「平等権」（障害者差別解消法等）のように分類することができ，これらの権利を実現するための制度が支援を必要とする人の社会的な基盤を構築する。認知症患者，障害者などは，生活への支援なくして十分に市民としての権利を享受できないことから，様々な社会保障，社会福祉，公衆衛生に関する法律によって擁護する必要がある。

　そして，不動産の取引，介護保険サービスの利用など，例をあげれば枚挙に暇（いとま）がないが，日常生活のあらゆる場面には障害者・健常者の区別なく常に格差があり，弱者が存在する。サービスを提供する側が知識・技術等で圧倒的に上回っていることから，適正で安全な商品やサービスの購入が行われるように法制度の整備が行われている。たとえば消費者と事業者の情報力・交渉力の格差を前提とし，消費者の利益擁護を図ることを目的としている消費者契約法（2001年4月施行）が代表的である。

　私たちが必要とする権利擁護の範囲は単に財産侵害や不公正な取引，経済的な搾取，高齢・障害を理由とする差別や，身体的・精神的・性的虐待などの権利侵害だけではない。さらにその先にある身体的，精神的自由などの権利を含む擁護についても捉えることが必要である。とりわけ，認知機能の低下により判断能力が十分ではない人に対する，社会生活を送るうえで人的な支援が必要となる。

　この章では成年後見制度，日常生活自立支援事業など，支援をする側の人材を確保し，支援を提供することを目的とした制度を中心に説明する。その前提として生活部面ごとにあらゆる制度が存在し，これをどのように活用するか判断することが現実の生活では必要である。社会福祉の分野ではあらゆる制度を活用して生活支援を行っていることを忘れてはならない。

2　成年後見制度と日常生活自立支援事業

時代背景　成年後見制度の歴史を振り返ると，1898（明治31）年施行「禁治産・準禁治産制度」の「判断能力が不十分な人の財産管理をする」だけのものから始まっている。しかし，現在の権利擁護に関する社会環境は大きく変化した。具体的には，①超高齢化社会の進展で高齢者人口の増加が見込まれているため，認知症高齢者数の将来推計も今後増加しており，**身上監護**（＝生活，療養看護に関する事務）や財産管理への支援について必要性が高まってきたこと，②国際的に「**ノーマライゼーション**」の理念が推進されるに従い，日本においても「本人の残存能力の活用」「自己決定の尊重」などの理念のもと，高齢者および障害者福祉政策の転換が図られるようになったこと，③2000年4月1日に介護保険法が施行され，「措置」から「契約」に政策が転換したことで本人が必要とする福祉サービスを選ぶしくみが整ったが，判断能力が不十分な人が福祉サービスの利用契約を結ぶために支援する人が必要となったこと，④国際的な成年後見制度整備の流れとして1992年，ドイツにおける「成年者世話法」（ドイツ民法における成年後見に関する規定）の施行とともにフランス，アメリカ等世界各国で成年後見制度を改正する動きが相次いだこと，などである。つまり，財産管理だけではなくノーマライゼーションの理念に基づいた，さらに判断能力低下の初期段階から切れ目なく対応する支援制度が必要となった。

　このことから2000年民法改正により現行の成年後見制度となった。判断能力が不十分な人の権利擁護と，本人の意思を尊重した身上監護と財産管理を行う制度へと生まれ変わっている。そして新たに創設された日常生活自立支援事業

図表13‐1　日常生活自立支援事業と成年後見制度の対応範囲

本人の判断能力の状況					
利用 できる 制度	判断能力 あり	日常生活を送 るのに不安が ある	不十分 重要な財産行為は おおむねできるが， 危ぐがあるので誰 かに代わってやっ てもらった方がよい。	著しく不十分 日常的な買い物程 度はできるが，重 要な財産行為はで きない。	欠ける 日常的な買い物が できない。 財産を管理処分で きない。 植物状態にある。

日常生活自立支援事業
●認知症などで判断能力が多少衰えたけれど，日常的な生活を支援してもらえれば，まだまだ住み慣れた地域で自立した生活が送れるという場合などはこの事業を利用します。

日常生活自立支援事業と成年後見制度の併用利用
●併用利用するケースとしては，遠方に住む親族等が成年後見人等に選任されている場合で，生活に必要なお金の出し入れなど，本人の利便性のため日常生活自立支援事業による支援が必要不可欠な場合などが考えられます。

成年後見制度
●判断能力が著しく低下していたり，不動産の売却や福祉施設の入所契約など，日常的な生活援助の範囲を超えた事項を支援する必要がある場合はこの制度を利用します。

成年後見制度：法定後見（補助・保佐・後見）／任意後見

任意後見契約　　任意後見開始（任意後見監督人選任）

出所：宮崎県社会福祉協議会 HP（2021年7月20日閲覧）

（旧「地域福祉自立支援事業」）は，判断能力や身体機能の低下から生じる日常生活での不安に対して支援を行う。成年後見制度は家庭裁判所の審判により決定するのに対して，この制度は自らの判断で支援を受けるための契約を行う能力があることが必要となる。

日常生活自立支援事業　この制度の根拠法は厚生労働省所管の社会福祉法である。対象者を「精神上の理由により日常生活を営むのに支障がある者」としている。事業の運営は都道府県・指定都市社会福祉協議会（事業の一部委託先として基幹的社会福祉協議会等）が行い，そこに所属する支援専門員，生活支援員によって「福祉サービスの情報提供・助言などの相談や，日常的金銭管理（これにともなう預貯金通帳の払出し等の代理，代行），福祉サービス利用料支払いの便宜の供与・書類等の預かり（証書等の保管により紛失を防ぎ，福祉サービスの円滑な利用を支える）を提供する。主として財産管理を支援することで，在宅での生活が安心して送ることができるように支援を行うことを目的としている。

法定後見制度 この制度の根拠法は民法で，精神上の障害により事理を弁識する能力が不十分な人に補助人を，著しく不十分な人に保佐人を，能力が欠けている人に成年後見人（以下「後見人等」）を選任する。後見人等は財産管理と身上監護を行うときに当事者の意向を尊重し，本人の決定に任せることを原則としている。たとえば成年被後見人に対する取消権について，日用品の購入その他日常生活に関する行為については取り消すことができないとしている（民法9条）。少額の食品や日用品までも制限することになれば，残存機能の活用を図る法の趣旨に反することになる，という考え方である。成年後見人の後見事務について負う義務には「自己決定の尊重」を基本とした支援の実現を目指すため「身上監護」がある。「成年後見人は，成年被後見人の生活，療養看護及び財産の管理に関する事務を行うに当たっては，成年被後見人の意思を尊重し，かつ，その心身の状態及び生活の状況に配慮しなければならない」とした（民法858条）。

「自己決定の尊重」の趣旨からも，本来であれば補助人，保佐人が成年後見人より多いことが望ましいといえる。しかし，実態は申立件数の推移をみると後見開始の審判が圧倒的に多い。

任意後見制度 任意後見契約の締結は，はじめに本人（委任者）の判断能力が低下する前に任意後見監督人を選任後，任意後見人となる人（任意後見受任者）を選任することから，法定後見より優先されている。生活，療養看護および財産管理に関する事務の全部または一部について代理権を付与する委任契約を公正証書によって結ぶ。その後，判断能力が低下して後見が必要となったときに，家庭裁判所において任意後見監督人を選任した時点から，契約内容の効力を発生させる特約を付ける。本人の判断能力が衰えてきたときに，任意後見受任者や親族などが，家庭裁判所に対して任意後見監督人の選任の申立てを行う。家庭裁判所がこれを選任するとその時から「任意後見受任者」は「任意後見人」として，契約に定められた仕事を開始することになる。

3　成年後見制度の利用の促進に関する法律

目　的　認知症，知的障害者その他の精神上の障害があることにより，財産の管理または日常生活等に支障がある者を社会全体で支え合うことが，高齢社会における喫緊の課題である。しかし，成年後見制度がこれらの者を支えるための重要な手段であるにもかかわらず，十分に利用されていない現状がある。このため利用促進について，①基本理念を定め国の責務等を明らかにし，②基本方針その他の基本となる事項を定めるとともに，③成年後見制度利用促進会議および成年後見制度利用促進委員会を設置すること等により，利用の促進に関する施策を総合的かつ計画的に推進することを目的とし

COLUMN　身元保証人と成年後見人の違い

病院や老人ホーム等への利用契約締結には身元保証人を求めるところが多い。また，独居高齢者で親族と疎遠または親族が不在の場合，自分自身に判断能力の低下があると不安が高まる。これがきっかで将来に備えて第三者に身元保証を依頼するケースが増加しているが，トラブルも多い。たとえば，高齢者の身元保証代行を請け負うNPO法人が，被身元保証人である入所者と葬儀・納骨までを含めたサービス契約，さらに預金など遺産の全額寄付を受ける契約を交わした「えんご会訴訟」では，「高齢者の不安に乗じて結ばせた契約で，公序良俗に反し無効」（名古屋地岡崎支部判令和3・1・28）とした。

なぜ病院や施設は身元保証人が不在であると契約しないのか。一般的に，①緊急時の連絡先，②入院計画や入所中のケアに関する承認，③入院・入所中に必要な物品の購入，④費用の支払い，⑤退院・退所時の支援，⑥死亡時の遺体引き取り，などが職員の業務に支障をきたすと考えるからである。本来なら，代行業者に認められていない手術時などの「医療同意」の署名も，病院側のリスク管理意識が強いと求められるケースが後を絶たない。

成年後見人であってもこれらのことをすべてできるわけではない。それでも支援内容について家庭裁判所による一定の監督があり，第三者からの確認を受ける。弁護士や社会福祉士などの専門職後見人により，意思決定支援ガイドラインに基づく対応も期待できる。自分の財産管理を他人に依頼する状況になったときに，安心して託すことができるよう社会的に整備していくことが求められている。

194

図表13‐2　地域連携ネットワークのイメージ

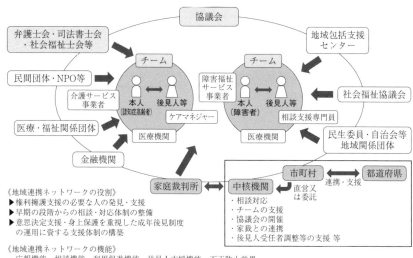

《地域連携ネットワークの役割》
▶権利擁護支援の必要な人の発見・支援
▶早期の段階からの相談・対応体制の整備
▶意思決定支援・身上保護を重視した成年後見制度
　の運用に資する支援体制の構築

《地域連携ネットワークの機能》
・広報機能，相談機能，利用促進機能，後見人支援機能，不正防止効果

出所：内閣府 HP「成年後見制度利用促進基本計画について」

て2016年に公布，施行された。

成年後見制度利用促進基本計画　基本的な考え方として，「ノーマライゼーション」「自己決定権の尊重」「身上保護の重視」をあげたうえで，今後の施策の目標として，①利用者がメリットを実感できる制度，運用へ改善を進める，②全国どこの地域においても必要な人が成年後見制度を利用できるよう，各地域において権利擁護支援の地域連携ネットワークの構築を図る，③後見人等による横領等の不正防止を徹底するとともに，利用しやすさとの調和を図り，安心して成年後見制度を利用できる環境を整備する，④成年被後見人等の権利制限に係る措置（欠格条項）を見直す，とした。

権利擁護支援の地域連携ネットワークづくり　ネットワークの役割は，①権利擁護支援の必要な人の発見・支援，②早期の段階からの相談・対応体制の整備，③意思決定支援・身上保護を重視した後見活動を支援する体制の構築である。このため地域連携ネットワークの基本的しくみとして，「チーム」対応（福祉等の関係者と後見人等がチームとなって本人を見守る体制），

「協議会」等（福祉・法律の専門職団体が協力して個別のチームを支援するしくみ）の整備に向けて「地域連携ネットワークの整備・運営の中核となる機関」が必要である。

　市町村単位で行政機関の設置を基本として，専門職団体は設置・運営に積極的に協力することで，専門的知識を生かした支援の実施に努めることが求められている。

4　虐待防止法

　2000年に入り児童虐待防止法，「配偶者からの暴力の防止及び被害者の保護等に関する法律」（2002年4月全面施行，略称DV防止法），高齢者虐待防止法，障害者虐待防止法が制定された。虐待や暴力により権利侵害を受けることが社会問題となり，これまでの法制度では対応が困難となったことから，新たな対応方法の確立が必要となり制定された。

　ここではほかの章で取り上げていないDV防止法について述べる。

DV防止法　配偶者からの暴力に係る通報，相談，保護，自立支援等の体制を整備し，配偶者からの暴力の防止および被害者の保護を図ることを目的とする法律である。被害者が男性の場合もこの法律の対象となる。

　この法律は，配偶者等からの暴力を「暴力」と認め，かつ，それが「犯罪となる行為をも含む重大な人権侵害」だと規定し，暴力や人権侵害の根絶を図るために，保護命令制度の規定，婦人相談所や婦人相談員の位置づけ，関係機関相互の連携協力の義務づけなど，被害者支援のためのしくみを規定している。

　2001年4月，DV防止法が制定され，基本方針の策定等を内容とする2004年，2007年の法改正を経て，2013年6月に生活の本拠をともにする交際相手からの暴力および被害者についても，配偶者からの暴力および被害者に準じて法の適用対象とする法改正が行われ，2014年1月3日に施行された。

　「配偶者等からの身体に対する暴力又は生命等に対する脅迫」を受けた被害者が，配偶者等から身体に対する暴力を受けることによりその生命または身体

に重大な危害を受けるおそれが大きい場合に，被害者の生命または身体の安全
を確保することを目的として，裁判所は被害者の申立てにより配偶者等に対し
「保護命令」を発令することができる。具体的には，①被害者への接近禁止命
令，②被害者への電話等禁止命令，③被害者の同居の子への接近禁止命令，④
被害者の親族等への接近禁止命令，⑤被害者とともに生活の本拠としている住
居からの退去命令，の５つの類型がある。

5　今後の課題

意思決定支援の実際　成年後見制度利用促進基本計画（2017年３月24日閣議決定）
において，後見人が本人の特性に応じた適切な配慮を行う
ことができるよう，意思決定支援のあり方についての指針の策定に向けた検討
を行うこととされた。これを受けて，最高裁判所，厚生労働省および専門職団
体（日本弁護士連合会，（公社）成年後見センター・リーガルサポート，（公社）
日本社会福祉士会）をメンバーとするワーキング・グループが立ち上げられ，
「意思決定支援を踏まえた後見事務のガイドライン」（2020年10月）が完成した。
なお，この間にも「障害福祉サービス等の提供に係る意思決定支援」（2017年３
月），「認知症の人の日常生活・社会生活における意思決定支援ガイドライン」
（2018年６月），「人生の最終段階における医療・ケアの決定プロセスに関するガ
イドライン」（改訂2018年３月）が策定されている。今後これらを活用し，支援
を必要とする人の権利擁護を実践するためには，社会に広く普及することが求
められる。

親族後見の課題　「成年後見関係事件の概況」（事務総局家庭局）によれば，
2015年と2020年の成年後見人等と本人の関係について件
数を比較すると，配偶者，親，子，兄弟姉妹およびその他親族が成年後見人等
に選任されたものが１万426件から7242件に減少し，親族後見以外（弁護士，社
会福祉士，司法書士等）は２万4494件が２万9522件に増加している。現行の成年
後見制度が始まった2000年度では90.9％が親族が後見人等に選任されていた
が，2020年は19.7％まで減少している。これは，親族後見人による横領や経済

的虐待が社会的問題となり専門職による後見人等が求められることとなったからである。

　過去5年間は約3万5000人前後の申立件数が継続していて，成年後見人等のニーズは高まっている。老人福祉法32条の2，障害者総合支援法77条，知的障害者福祉法28条の2，精神保健福祉法51条の11の3により，市町村が後見人を家庭裁判所へ円滑に推薦することについて努力義務が定められている。しかし，これにともなう親族以外の専門職による後見人養成が遅れている。その要因の1つは，弁護士，社会福祉士，司法書士などの専門職においても被後見人等の資産を横領する事件が社会的問題となった。このため後見業務の管理，受任する要件の強化を行うなど対策を取った結果，養成研修の受講要件が厳しくなるなど，人材養成は減速している。任意後見人制度のさらなる活用も含めて制度のあり方を考え直さなければ，支援の必要な人に届かないことになる。

【原田欣宏】

◎さらに深く学ぶための参考文献

大曽根寛編著『改訂版　社会福祉と法』放送大学教育振興会，2020年
　　幅広い福祉問題について，法政策による支援の実際と課題について事例を用いて検討しながら権利擁護の意味を考える知識を得ることができる。

藤岡毅，長岡健太郎編著『障害者の介護保障訴訟とは何か！―支援を得て当たり前に生きるために』現代書館，2013年
　　裁判を通して見えた，障害者が居宅で介護を受けながら自立した生活を送るために必要な介護サービスを受ける権利について紹介されている。

横田一『介護と裁判―よりよい施設ケアのために』岩波書店，2012年
　　施設での事故について裁判を起こした著者が，関係者へのインタビューを通して，介護労働が直面する課題と，介護保険制度や権利擁護の問題が提起されている。

第14章　少子高齢社会における社会保障の課題

1　少子高齢社会とは

少子高齢社会　少子高齢社会とは，出生率が低下し高齢者の総人口に占める割合が高くなる社会をいう。課題となるのは，出生数の減少による若年労働力人口の減少が社会保障給付を担う人々の減少につながり，同時に，高齢者の人口が増加することで，医療・介護給付費の見通しが厳しくなることである。

人口動態　人口動態とは，ある一定の期間中における出生，婚姻，離婚，死亡などによる人口変動の状態のことである。近代化により多産多死から少産少死へと人口動態が変化している。なお，人口動態の変化のことを人口変換という。

　1980年代のはじめには2700万人規模であった**年少人口**（0～14歳の人口層）は，2015年には1595万人，2020年には1506万4000人まで減少した。人口増加率が2011年以降マイナスで推移したため，2020年8月現在，総務省統計局によると日本の総人口は1億2580万9000人（確定値）である。その一方で，**老年人口**（65歳以上の人口層）は，2015年に3387万人，2020年には3617万人に増加している（「令和2年版高齢社会白書」）。

生産年齢人口　生産年齢人口とは，年齢別人口のうち労働力の中核をなす15歳以上65歳未満の人口層のことである。生産年齢人口は戦後一貫して増加を続けたが，1995年の8726万人をピークに2020年には7460万6000人と減少した（総務省統計局）。出生数の減少による若年労働力人口の減少が，経済成長にマイナスの影響を及ぼすことが懸念されている。

少子化 「少子化」には，学術用語・行政用語ではないため，明確な定義はない。ただし，「少子化」の指標に用いられている合計特殊出生率は正式な指標である。合計特殊出生率（以下，出生率という）は「15〜49歳までの女性の年齢別出生率を合計したもの」で，1人の女性が生涯に産む子どもの数の目安で，2.07〜2.08を下回ると人口が減少するといわれている。

　第1次ベビーブーム期には4.3を超えていた出生率は，1950年以降，急激に低下した。その後，第2次ベビーブーム期を含め，ほぼ2.1台で推移していたが，1975年に2.0を下回り再び低下傾向となった。1989年には最低であった1966年（丙午：ひのえうま）の数値を下回る1.57を記録したため，**1.57ショック**（9頁 COLUMN 参照）といわれた。

　これを契機に少子化対策が強化されたが，2005年には**合計特殊出生率**が過去最低の1.26まで落ち込んだ。その後，微増したものの，2019年に出生率が1.36，出生数が86万5234人となり「**86万ショック**」といわれたが，さらに2022年に出生率が1.26，出生数は77万747人まで落ち込んだ。

高齢化 2020年の65歳以上人口は，3617万人である（高齢化率28.7％）。内訳をみると，「65〜74歳人口」は1746万人（総人口に占める割合は13.9％），「75歳以上人口」は1871万人（総人口に占める割合は14.9％）である。高齢化率は，日本が世界一高く，続いてイタリア（23.3％），ポルトガル（22.8％），フィンランド（22.6％）となっている（総務省「統計からみた我が国の高齢者」，2020年）。

超少子高齢社会の課題 超少子高齢化がこのまま進行すると，若年労働者の減少や退職する高齢者の増加によって労働力人口そのものが減少し，経済成長にマイナスの影響を及ぼす可能性がある。一方で，高齢者のための年金・医療費・介護費などの社会保障費が増大し，その財政を支える若者世代の割合が減少するため，各種の給付に見合う財源の確保が課題となっている。

　同時に，女性の多くが育児・介護の主な担い手となっている現状から，中途退職も少なくない。そこで，若者世代・子育て世代・高齢者世代の実態を検討するなかで，社会保障の課題を明確にしたい。

2　若者世代における課題

ニ　ー　ト　ニート（Not in Employment, Education or Training）とは，就労，就学，職業訓練のいずれも行っていない若者のことをいう。元々は，イギリスの労働政策において用いられた用語である。日本では「15〜34歳の非労働力人口のうち，通学，家事を行っていない者」，つまり若年無業者のことをいう。『令和2年版子供・若者白書』によると，15〜39歳の若年無業者の数は，2019年に74万人で，15〜39歳人口に占める割合は2.3％となっている。就業希望の若年無業者が求職活動をしていない理由として，病気・けがや勉強中の者を除くと，「知識・能力に自信がない」，「探したが見つからなかった」，「希望する仕事がありそうにない」といった回答がみられる。

引きこもり　引きこもりは，様々な要因の結果として社会的参加を回避し，原則的には6か月以上にわたって概ね家庭にとどまり続けている状態をいう。2018年度の調査では，40〜64歳の広義のひきこもり群は推計61万3000人である（「ひきこもり支援施策の方向性と地域共生社会の実現に向けて」（厚生労働省社会・援護局地域福祉課，2019年）。引きこもりへの対応は，都道府県・指定都市に設置のひきこもり地域支援センターや生活困窮者自立支援制度における市町村域などが行っている。

フリーター　フリーターとは，15〜34歳で，男性は卒業者，女性は卒業者で未婚の者のうち，「パート・アルバイトとして雇用されている」，「完全失業者で探している職種がパートかアルバイト」，「非労働力人口で，家事も通学もしていない者のうち，就業内定をしておらず，希望する仕事の形式がパート・アルバイト」のいずれかに該当する者である。

非正規雇用　非正規雇用は，雇用者（役員を除く）のうち，正規雇用以外のすべての雇用形態をいい，パートタイマーやアルバイト，派遣社員，契約社員，嘱託などが含まれる。

役員を除く雇用者5638万人のうち，正規の職員・従業員は3528万人で，非正規の職員・従業員は2109万人である（「労働力調査2020年10〜12月期平均結果」）。

また，「令和元年分民間給与実態統計調査」によると，給与所得者の1人当たりの年間平均給与は正規503万円，非正規175万円であり，これを男女別にみると，正規については男性561万円，女性389万円，非正規については男性226万円，女性152万円となっている。200万円以下の給与階級別では，100万円～200万円の者が743万人，100万円以下の者が457万人である。

ワーキングプア（働く貧困層）は，正社員としてまたは正社員並みにフルタイムで就労しているにもかかわらず，収入が生活保護水準（月額約17万円，年額約200万円）以下の者をいう。2020年4月から，正規雇用者と同じ内容の仕事を担っている非正規雇用者の，「同一労働同一賃金」の原則が導入され，2021年4月からは，中小企業でも施行されている。しかしながら，正規雇用者と非正規雇用者の職務内容や責任，転勤や配置変更の有無等において，両者の待遇に一定の差異が生じるため，労働条件の差異が不合理でないのであれば，賃金格差は否めない。こうした非正規雇用者に対する賃金格差は，ワーキングプアという生活保護水準以下の生活者を増やす懸念がある。さらに，コロナ禍をきっかけに，働く世代にとって就労環境は大きく変化しており，「生活保障」への対応施策が急務となっている。

若年失業率　「労働力調査（基本集計）2020年12月分」（総務省統計局）によると，2020年12月の日本における15～24歳の若年失業者数は25万人である。若年失業率の上昇は，欧州を中心に先進国の共通課題になっており，若年層が職に就けない，または低賃金にとどまっている状態は改善されていない。このような状態が続くと婚姻率や出生率の低下はもとより，国の財政や成長の基盤も揺らぐため，早急に施策を講じる必要がある。

地域若者サポートステーション　この事業は，厚生労働省と地方自治体が協働し，働くことに悩みを抱えるニートなどの若者（ここでは15～49歳のことを指す）の職業的自立を目指して，包括的に支援する事業である。事業は，厚生労働省が委託したNPO法人，株式会社などによって実施されている。支援の内容は，キャリアコンサルタントなどによる専門的な相談，就職後の定着・ステップアップ支援，高校中退者などへの切れ目のない支援，協力企業への就労体験などである。

晩婚化 晩婚化といわれる現象は，平均初婚年齢の上昇を指している。2019年，日本人の平均初婚年齢は夫31.2歳，妻は29.6歳で，1985年と比較すると，夫は2.9歳，妻は3.9歳上昇している（近年はほぼ横ばい）。なお，「非婚」は，結婚をしないという生き方を自らの意思で選択した状態をいい，「未婚」は，結婚する意思を持ちながらも結婚していない状態をいう。

3　子育て世代における課題

晩産化 2018年における出生時の母親の平均年齢は，第1子が30.7歳，第2子が32.7歳，第3子が33.7歳である。1985年の調査では，第1子が26.7歳，第2子が29.1歳，第3子が31.4歳で，2018年と比較すると出産年齢は上昇している。なお，近年の出産年齢は横ばい状態である（『令和2年版少子化社会対策白書』）。2020年に策定された「第4次少子化社会対策大綱」では，晩産化や少子化における施策を示している。たとえば，若い世代の雇用環境などの整備，仕事と子育てを両立できる環境の整備，子育てなどにより離職した女性の再就職支援，地域活動への参画支援，男性の家事・育児参画の促進，働き方改革と暮らし方改革などである。ちなみに，これらの推進のために必要な安定財源の確保の検討が必要とされている。

子育て世代の雇用 妊娠・出産時に退職した女性の多くが再就職でパート・アルバイトなどの非正規労働に従事している。35〜39歳，40〜44歳の年齢階級にある女性雇用者数では，非正規労働者が正規労働者の割合を上回っている。女性の継続就業を進めるためには，男女ともにワーク・ライフ・バランスを自らの事として捉え，職場のみならず社会全体で働き方を見直していくことが不可欠である。急速な人口減少，激化する国際競争のなかで，社会経済の活力を維持し，子育て期にある人々が希望をもって働き続けていくために，能力を十分に発揮できる環境を整備することが重要である。

共働き世帯の増加　非農林業雇用者世帯のうち共働き世帯数が専業主婦の世帯数を初めて上回ったのは1992年である。1997年以降は，共働き世帯数が専業主婦の世帯数より多くなっている。

『令和２年版　男女共同参画白書』によると，2019年は，「男性雇用者と無業の妻から成る世帯」が582万世帯，「雇用者の共働き世帯」は1245万世帯，「妻がパート（時短勤務）」の共働き世帯数の増加もみられる。性別役割分業の考え方に反対する者は６割程度に達しており国民の意識の変化がみられる。しかし，男性の育児休業取得率が上昇傾向にあるものの，日数的には３日～２週間程度と少ないことなど，依然として性別役割分業をしている現状は否めない。

2021年１月，育児・介護休業法の改正により，育児や介護を担う労働者が子の看護休暇や介護休暇を時間単位で取得することができるようになった。勤務時間の途中から時間単位で有給休暇を取得して再び戻るという「中抜け」についても事業主に配慮を求めている。

共働きの親のニーズに応える柔軟な保育サービスの整備も重要課題となっている。とりわけ，障害児が保育を必要とする状態にある場合の入所申請拒否については課題が多い。自治体は，障害を理由に保育実施不可決定をした児童について，保育所による保育の実施に代わる代替的保護義務を果たす必要がある。保育所の受け入れが困難な場合の代替措置，加配などの人材確保や補助金などについても整備していくことが望まれる。

待 機 児 童　2021年４月１日時点の待機児童数は5634人で，待機児童数調査の開始以来，最少の調査結果となった（138頁参照）。しかしながら，人口増加率が高い自治体ほど待機児童が多いことから，地域ごとの異なった状況を鑑み，地域の特性に応じた支援がより一層重要となる。保育実施基準や保育サービスの内容は，様々な状況に合った対応がなされているとはいいがたく，課題が山積している。

「新子育て安心プラン」では，女性の就業率上昇を踏まえて2021年度から2024年度末までの４年間で約14万人の保育の受け皿を整備するとしている。また，保育コンシェルジュによる相談支援の拡充，保育補助者や短時間勤務の保育士の活躍促進なども推進する。さらに，幼稚園の空きスペースやベビーシッ

ターなど，地域のあらゆる子育て資源の活用を図っている。

4　高齢者世代における課題

高齢者とは　一般的に，65歳以上を**高齢者**，65〜74歳を**前期高齢者**，75歳以上を**後期高齢者**としている。近年，高齢者の定義が現状に合わないとして，65〜74歳を准高齢者，75歳以上を高齢者，90歳以上を超高齢者と定義する動きがある（日本老年学会，日本老年医学会，2020年）。

2019年6月の国民生活基礎調査結果によると，65歳以上の高齢者世帯は，2558万4000世帯（全世帯の49.4%）であり，世帯構造の内訳は，「夫婦のみの世帯」が827万世帯（65歳以上の者のいる世帯の32.3%），「単独世帯」が736万9000世帯（同28.8%），「親と未婚の子のみの世帯」が511万8000世帯（同20.0%）となっている。

高齢者の雇用　厚生労働省は，高年齢者に意欲と能力がある限り年齢にかかわりなく働くことができるよう，雇用環境の整備に取り組む企業への支援を行っている。

たとえば，**「高年齢者等の雇用の安定等に関する法律」**における定年年齢の引上げ，継続雇用制度の導入などによる高年齢者の安定した雇用の確保や再就職の促進，定年退職者やその他の高年齢退職者に対する就業機会の確保などである。2021年4月より，65歳から70歳までの安定した雇用を確保する措置として「高年齢者就業確保措置」を講ずる努力義務が新たに規定された。なお，同法は，高年齢者を55歳以上，中高年齢者を45歳以上としている。

また，雇用保険の被保険者であった期間が通算して5年以上ある一般被保険者で一定の要件を満たす者が対象となっている「高年齢雇用継続給付」がある。この「高年齢雇用継続給付」には，「高年齢雇用継続基本給付金」と「高年齢再就職給付金」の2種類があり，高年齢者の就業意欲を維持・喚起し，就業を援助，促進することを目的としている。

老老介護　2019年の「国民生活基礎調査の概況」では，同居する家族や親族が自宅で介護をする在宅介護のうち，介護をする側と受

ける側がお互いに65歳以上の「老老介護」の割合は59.7％，双方が75歳以上の「超老老介護」の割合も33.1％である。同居の主な介護者による介護時間は，要支援１～要介護２では「必要なときに手をかす程度」が多く，要介護３以上は「ほとんど終日」が最も多い。さらに，ヤングケアラー，介護難民，介護疲れなどの問題もあり，痛ましい事故，事件が増加傾向にあり，家族の精神的・肉体的・経済的な負担の軽減，とくに介護者へのサポート・ケアが重要となる。団塊の世代が75歳以上となる2025年以降は，医療や介護，福祉などへのサービス需要の増加がさらに見込まれるため，「地域包括ケアシステムの構築」が喫緊の課題である。

5　社会保障と地域共生社会

社会保障の財源と抑制　超少子高齢社会では，社会保障への財源が課題となっている。国立社会保障・人口問題研究所によると，2018年度社会保障給付費の総額は121兆5408億円で，社会支出の総額は，125兆4294億円である。部門別社会保障給付費の内訳は，「**年金**」（55兆2581億円で45.5％），「**医療**」（39兆7445億円で32.7％），「**福祉その他**」（26兆5382億円で21.8％）と，「年金」が最も大きな割合を占めている。

　2021年６月４日，「全世代対応型の社会保障制度を構築するための健康保険法等の一部を改正する法律」が成立し，高齢者中心であった給付，現役世代の負担増を見直すとともに子育て世代の支援を進める施策が盛り込まれた。たとえば，一定の所得以上の後期高齢者の医療費窓口負担を１割から２割に変更することや育児休業中の保険料免除要件の見直しなどがあげられる。

　今回の法改正は，「全世代型社会保障改革の方針について」（2020年12月15日閣議決定）を踏まえている。この方針は，社会保障制度の対象をすべての世代として，全世代が公平に支え合う持続可能な社会保障制度の確立を図るとしている。同時に，全世代が安心できる社会保障制度を構築して，次の世代に引き継いでいくとしているが，具体的な検討はまだ明確にされていない。

　ドイツでは，子どものいる人が子育て費用と社会保険料の二重負担となるこ

図表14-1 「地域共生社会」の実現に向けた地域づくりの強化のための取組の推進

令和2年度予算：39億円（令和元年度予算額：28億円）　　　　　実施主体：市町村（200→250か所）補助率：3/4

相談支援（地域の様々な相談を包括的に受け止める場の確保・多機関の協働による包括的支援）、参加支援、地域づくりに向けた支援の3つの機能を一体的に実施

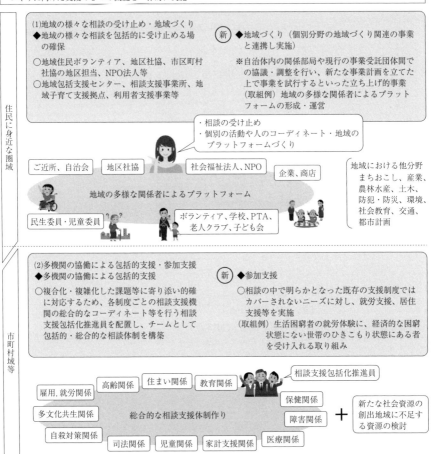

出所：厚生労働省「社会福祉法の改正趣旨・改正概要」https://www.mhlw.go.jp/content/12201000/000652457.pdf

とに鑑み，子どものいない人の保険料負担率を少し引き上げることにより負担の公平を図っている（47頁 COLUMN 参照）。このような取り組みは，全世代型社会保障改革の基本的な姿勢といえよう。

高齢者の孤立　高齢者の孤立防止のために，近隣住民や町内会，民生委員による地域の見守り活動が進められている。だが，高齢者の単身世帯の増加に伴い，事前に情報を把握できないケースが孤立死につながる事例や，高齢者が行政や地域との関わりを拒むセルフネグレクトの課題もある。

地域共生社会への取組　2016（平成28）年6月に閣議決定された「ニッポン一億総活躍プラン」では，すべての人々が地域，暮らし，生きがいを共に創り，高め合うことができる**地域共生社会**の実現を理念として掲げている。地域共生社会の実現においては，従来の公的支援を「縦割り」から「丸ごと」に転換し，「支え手」や「受け手」から「我が事」として参画する地域づくりへの強化が目指されている。

【中川陽子】

◎さらに深く学ぶための参考文献
幸重忠孝・村井琢哉著，山科醍醐こどものひろば編『子どもたちとつくる貧困とひとりぼっちのないまち』かもがわ出版，2013年
　　子ども食堂・夜の居場所づくりなど，子どもの貧困課題から子どもが育つ環境づくりへの実践記録で，ほっとけない人たちのための入門書でもある。
医療情報科学研究所『社会福祉士国家試験のためのレビューブック2021』メディックメディア，2020年
　　社会福祉士国家試験の専門科目，共通科目の過去10年分のポイントがまとまっている。

索　引

210

Horitsu Bunka Sha

新・初めての社会保障論〔第3版〕

2014年 1 月25日	初　版第 1 刷発行
2018年 1 月30日	第 2 版第 1 刷発行
2021年10月20日	第 3 版第 1 刷発行
2023年 7 月20日	第 3 版第 2 刷発行

編　者　古橋エツ子

発行者　畑　　光

発行所　株式会社 法律文化社

〒603-8053
京都市北区上賀茂岩ヶ垣内町71
電話 075(791)7131　FAX 075(721)8400
https://www.hou-bun.com/

印刷：共同印刷工業㈱／製本：㈲坂井製本所
ISBN 978-4-589-04173-9

古橋エツ子編

新・初めての人権

A 5 判・166頁・2420円

家庭・医療・福祉をはじめとして日常生活にかかわる14項目と人権とのかかわりを概説した入門書。左頁に概説文、右頁に関連する図表を配置するなど学習を助けるビジュアル構成とした。新版にあたり章構成も含め全面的に改訂。

烏野 猛編

新・初めての社会福祉論

A 5 判・176頁・2420円

社会福祉士や精神保健福祉士、保育士を目指す人に社会福祉の定義・理念から歴史、仕組み、現状までを資料を交えて解説。国家試験で問われる基礎知識を習得できるように工夫するとともに、コロナ禍の中の生活困窮者の増加等、実態をふまえ叙述。

増田雅暢・脇野幸太郎編

よくわかる公的扶助論
—低所得者に対する支援と生活保護制度—

A 5 判・196頁・2640円

社会福祉士養成の指定科目「低所得者に対する支援と生活保護制度」の内容を網羅した「公的扶助論」について、生活保護制度の概要や歴史を中心にコンパクトにまとめたテキスト。近年の政策動向や基本判例もふまえ理解を深める。

増田雅暢・小島克久・李 忻編著

よくわかる社会保障論

A 5 判・262頁・3190円

社会保障制度の目的、機能、構造や経済との関係を解説した概説書。人生100年時代のライフサイクルを踏まえて制度の歴史を整理のうえ、各国の制度解説、社会保障と住宅、社会保障と人口問題についての章も立てて解説。

日本介護福祉士養成施設協会編集

介護福祉士養成テキスト 全5巻

1	人間の尊厳と自立／社会の理解	第 1 巻編者 田中博一・小坂淳子	3740円
2	介護の基本／介護過程	第 2 巻編者 川井太加子・野中ますみ	3740円
3	コミュニケーション技術／生活支援技術 I・II	第 3 巻編者 中村明美・岩井惠子・井上千津子	3740円
4	医療的ケア	第 4 巻編者 中川義基・川村佐和子	2860円
5	発達と老化の理解／認知症の理解／障害の理解／こころとからだのしくみ	第 5 巻編者 竹内孝仁	4950円

● B 5 判・並製・2 色刷

法律文化社

表示価格は消費税10％を含んだ価格です